KB045057

심리학의 개념어들

심리학의 개념어들

지은이 이남석
초판 1쇄 인쇄 2024년 4월 25일
초판 1쇄 발행 2024년 5월 5일

발행인 박효상   **편집장** 김현   **기획 · 편집** 장경희, 이한경   **디자인** 임정현
편집 · 진행 김효정   **교정 · 교열** 강진홍   **마케팅** 이태호, 이전희   **관리** 김태옥

종이 월드페이퍼   **인쇄 · 제본** 예림인쇄 · 바인딩

출판등록 제10-1835호   **발행처** 사람in
주소 04034 서울시 마포구 양화로 11길 14-10 (서교동) 3F
전화 02) 338-3555(代)   **팩스** 02) 338-3545   **E-mail** saramin@netsgo.com
Website www.saramin.com

책값은 뒤표지에 있습니다.
파본은 바꾸어 드립니다.

ⓒ 이남석 2024

ISBN
979-11-7101-076-9 04180
979-11-7101-075-2 (세트)

우아한 지적만보, 기민한 실사구시 사람in

개념어
시리즈

심리학의
개념어들

이남석 지음

사람in

143개의 개념어로 심리학을 읽다

심리학을 이해하기 위해서는 먼저 심리학에 흔히 쓰이는 기본 개념을 알 필요가 있다. 하지만 개념어를 쉬우면서 깊이 있게 다룬 책은 찾아보기 힘들다. 절판됐거나, 단순한 사전 형식의 책이 있을 뿐이다.《심리학의 개념어들》은 심리학을 이해하는 데 꼭 필요한 개념을 전문적이고 체계적으로 다룬 거의 유일한 책이라고 할 수 있다.

그래서 이 책의 집필을 시작하며 무척 기뻤다. 학부와 석사까지 심리학을 전공하고 이를 중심으로 융합과학 박사 학위를 받은 개인적 이력과 교양서 집필, 대중 강의 경력 등을 녹여내 다른 책과 차별되는 내용을 설계할 수 있으리라는 기대 때문이었다.

현대 심리학은 융합과학의 성격이 강하다. 그래서 독자가 역사적으로 중요한 과거의 심리학 개념뿐 아니라 현대 심리학의 융합과학적 특성도 제대로 알 수 있도록 항목을 선정하고 내용을 구성했다. 이 부분에서 가장 격정한 것은 객관성이었다. 나의 주관성에 머물지 않도록 여러 심리학 개론서를 참고하여 항목과 내용, 수준 등을 조정했다.

이 개론서들은 이미 고등학교 심리학 교과서를 집필하면서 참고했지만,《심리학의 개념어들》을 위해 재검토하면서 새로운 것들이 눈에 들어오기 시작했다. 성인 독자가 흥미로워할 만한 개념과 사례들이 맨 먼저 눈에 띄었다. 그것에 영감을 받아 내용을 집필하는 과정이 무척 재미있었다. 집필의 재미가 부디 독서의 재미로 이어지기를 바랄 뿐이다.

아울러 수준을 심화해서 다뤄야 할 것과 용어를 정리하는 수준에 머물러야 할 것도 구분했다. 이 책은 대중을 위한 책이지만, 상식과 다르거나 오해를 많이 받은 개념은 전문적인 내용을 포함하여 쉽게 설명하려고 최선을 다했다.

또한 해당 항목에 대한 연구 결과가 깊고 폭넓더라도 많은 개념이 뒤얽혀 있어 설명하기 복잡하면 책의 목적에 맞게 압축하고, 논란이 있다는 사실을 밝혔다. 해당 항목에 대한 논란에 관심 있는 독자는 그 분야의 전문서를 참고하기를 추천한다.

　지면의 제한 때문에 이 책에서 심리학의 모든 개념을 다루지 못한 것에는 아쉬움이 남는다. 하지만 심리학과 학부생 이상이라면 이해해야 할 필수 개념은 최신 연구 내용까지 포함하여 다룬 것에 만족감을 느낀다. 개론서를 읽은 다음에는 각각의 세부 전공서를 읽듯이, 이 책에서 흥미 있는 내용을 발견했다면 해당 분야의 전문서를 읽어보기를 추천한다.

　이 책은 여러 분야의 전문가가 함께하는 시리즈에 포함되었기에, 내 능력이 부족하여 다른 분야 전문가가 쓴 책에 누가 되지는 않을까 하는 걱정도 있다. 기대와 즐거움과 걱정과 아쉬움과 만족이 혼재되어 있지만 하나의 책으로 묶어 세상에 내놓으니 참 기쁘다. 그 기쁨을 준 사람in 출판사의 여러 분께 고마움을 표하고 싶다. 무엇보다 이 책을 선택한 독자에게 가장 크게 감사 인사를 올리며 머리글을 마친다.

이남석

1장

심리학의 기초

심리과학

psychological science

심리학psychology은 말 그대로 마음psyche, Ψ의 학문이라는 뜻이다. 학문적으로 어원이 된 그리스 문자 Ψ(프시)를 심리학의 상징으로 쓴다.

고대 그리스에서는 마음, 영혼, 정신을 엄격하게 구분하지 않았다. 세 가지 중 영혼은 종교적 의미가 더 강한 개념이다. 정신은 신체와 반대되는 비물질적인 추상 개념이다.

현대 심리학은 이성, 감성, 의지의 복합체로서의 마음을 다룬다. 특히 마음이 작동하는 물리적 기반인 뇌와 신체의 영향력에도 큰 관심을 갖고 연구한다. 즉, 현대 심리학은 종교적·추상적 수준이 아니라 경험적으로 다양한 마음의 차원과 요소를 다룬다.

심리학을 정의하면 인간을 포함한 생명의 행동과 그 행동을 만드는 내적 과정을 과학적 연구 방법으로 탐구하는 학문이라 할 수 있다. 점, 독심술, 최면, 추상적 사고

등으로 사람의 마음을 알아낸다는 오해를 불식하고 과학적 요소를 강조하기 위해 일부 학자는 심리학을 심리과학psychological science으로 표현한다.

일찍이 고대 그리스·중국·인도철학과 종교 등에서도 사람의 마음을 다뤘다. 하지만 현대 심리학은 과학으로서의 특성을 중시하기에, 독일 심리학자 빌헬름 분트Wilhelm Wundt가 다양한 방법으로 마음을 측정하기 위해 라이프치히대학교에 최초로 실험실을 세운 1879년을 시작점으로 삼는다. 현재도 분트의 실험실을 라이프치히대학교에 그대로 보존하고 있을 정도로 큰 의의를 부여하고 있다.

심리학은 실험법, 관찰법, 사례 연구법, 설문지법, 면접법 등을 활용하여 마음이 작동하는 과정과 구조를 밝히려 한다. 역사적으로 많은 심리학자가 다양한 관점과 연구 방법으로 마음의 구조와 과정을 조명했다. 대표적인 것이 바로 정신분석, 행동주의, 인지주의, 인본주의, 신경과학이다. 이 다섯 가지를 심리학의 5대 관점이라고도 한다.

여기에 진화론의 틀로 현대 인간의 행동을 설명하는 진화심리학, 성 평등 관점에서 비판적으로 심리학을 살피는 페미니즘, 인간의 행동과 내적 과정에 환경이 미치는 영향력을 중시하는 생태주의를 추가하여 8대 관점으로 확장하기도 한다.

심리학자들은 경험과학의 특성상 언제나 과학 연구를 통해 기존 연구 결과가 반증될 수 있음을 인정한다. 즉, 개방적 태도로 다양한 관점을 취하고 있다. 하나의 연구도 다양한 관점으로 비판하며 더 타당한 마음의 구조와 과정을 밝히려 하기에 분야가 다양하다.

심리학이 역사적으로 발전한 결과 2023년 현재 미국심리학회에 54개 분과 학회가 있고, 한국심리학회에 15개 분과 학회가 있을 정도로 기초 심리학과 응용심리학의 종류가 다양해졌다. 참고로 기초 심리학과 응용심리학은 엄격하게 분류하기 힘들다. 심리학 분야가 워낙 다양하다 보니 편하게 개괄하기 위해 분류한 측면이 있기 때문이다. 응용을 위해 기초 심리학을 연구하고, 응용을 통해 기초 심리학 연구를 검증하기도 한다.

최근 심리학은 융합과학적 성격이 더 강해지고 있다. 인간의 마음을 만드는 뇌에 대한 생물학 연구, 인간의 지능을 모사한 기계의 행동과 인간의 행동을 비교하는 로봇공학 연구, 가상현실 상황의 행동에 관한 연구, 편리한 시스템을 위한 사용자 경험[UX] 연구, 인간의 판단과 결정의 특성을 연구하기 위해 경제학과 심리학을 결합한 행동경제학 연구 등의 다양한 융합을 통해 마음을 연구하고 있다.

기본적으로 심리학은 경험과학이면서도 인간의 마음에 대한 개념을 정립하기 위해 철학과 예술과도 개방적으로 교류한다. 심리학 연구 결과가 철학과 예술에 도움을 주기도 한다. 대표적인 것이 현상학, 예술심리학이다. 또한 자연과학, 공학과도 많은 교류와 공헌을 하고 있다. 대표적인 분야는 공학심리학, 인공지능이다.

인간은 사회를 구성하고, 다양한 시스템에 적응하는 과정에서 여러 문제를 경험하므로 심리학은 인간의 행동과 사고를 더 폭넓게 연구할 것이다.

상관관계

correlation

상관관계^{correlation}는 한 변수가 달라지면 다른 변수가 함께 달라지는 현상을 말한다. 이 표현은 주의할 필요가 있다. 만약 A 변수가 달라지는 것에 '의해' 다른 변수 B가 달라진다면 상관관계가 아닌 인과관계이다. 상관관계는 A 변수가 달라짐에 따라 B 변수도 함께 달라지는 정도를 가리킨다.

예를 들어 한 학교를 대상으로 연구했더니 키가 큰 학생이 학업 성적도 좋은 것으로 밝혀졌다. 그렇다면 신장 차이에는 학업 성취 수준을 결정하는 인과관계가 있을까? 아니다. 키가 커질수록 학업 성취 수준도 높아지는 관련성만 있을 뿐이다. 신체적 특성이 인지적 능력과 연결되기 위해서는 추가 연구로 더 타당한 변수를 밝혀야 한다.

상관관계에는 정적 상관관계와 부적 상관관계가 있다. 정적 상관관계는 A 변수가 증가할수록 B 변수도 증가하는 관계이다. 예컨대 직장에 출근해서 받는 이메일 건수가 증가할수록 업무 스트레스는 증가하는 식이다. 부적 상관관계는 A 변수가 감소할수록 B 변수는 증가하는 식의 서로 반대 방향인 관계이다. 예컨대 직장에 출근했는데 연인에게 받는 이메일 건수가 감소할수록 업무 시간에 스트레스가 증가하는 식이다.

과학으로서의 심리학은 원인과 결과를 명쾌하게 밝히고 싶어 한다. 즉, 인과관계를 선호한다. 하지만 마음의 구조와 과정이 복잡하고, 인간은 특성이 다양하며 역동적으로 살기 때문에 실험에 제약이 따르므로 인과관계를 명쾌하게 밝히지 못할 때도 많다. 그래서 상관관계에 관한 연구를 많이 시행한다. 상관관계 연구 결과를 해석할 때는 조심해야 한다.

앞서 예로 든 정적 상관관계를 보면 이메일 건수가 스트레스의 원인처럼 보인다. 하지만 이메일 건수 자체가 아니라 그날 권위적인 상사로부터 받은 억압적인 이메일 내용이 원인일 수도 있다. 즉, 메시지의 양이 아니라 질이 진짜 원인일 수 있다. 이처럼 상관관계를 잘못 해석해서 성급하게 인과관계로 결론을 맺으면 안 된다.

혹은 평소 직장에 다니며 스트레스가 쌓여 있었는데

이메일까지 많이 쌓인 상황에서 연구 자료를 모은 결과 때문일 수도 있다. 인과관계를 논하려면 여러 날을 비교하거나, 또는 사전에 해당 응답자의 스트레스 상태를 확인하여 통계적으로 효과가 과장되어 나타날 가능성을 줄이는 등의 노력을 해야 한다.

무엇보다 원인과 결과를 논하려면 결과 이전에 해당 원인이 먼저 일어났고, 그 원인이 직접적으로 결과에 영향을 미쳤다는 것을 증명해야 한다. 단지 두 변수가 함께 증가했거나 반대 방향으로 변화한 것만으로는 인과관계가 아닌 상관관계만 논할 수 있을 뿐이다.

상관관계를 통해 인과관계를 더 자세히 살펴볼 수도 있다. 그러려면 수집한 자료만이 아니라 제3의 변인도 생각해야 한다. 또한 상관관계가 있다고 해서 두 가지가 그대로 밀접한 관련이 있는 것처럼 생각하는 것도 경계할 필요가 있다.

예를 들어 경기가 불황일수록 여성의 치마 길이가 짧아진다는 자료는 인과관계가 아닌 상관관계에 관한 내용이다. 두 변인을 억지로 연결해도 인간의 심리나 경제 상황에 대한 통찰을 많이 얻지 못하니 더 생산적인 탐구를 해야 한다.

참고로 심리학에서는 '인지적 게으름' 때문에 사람들이 인과관계와 상관관계를 잘 구별하지 못한다는 사실을 밝혀냈다. 광고에서는 어떤 제품의 사용 전과 사용 후 사진을 보여주고 상관관계를 인과관계처럼 느끼게 해서 판매율을 높이기도 한다. 일부 소비자가 해당 제품을 사용한 후 변화를 경험한 원인이 제품일 수도 있다. 하지만 정말 그런지 꼼꼼하게 따져봐야 겠지만, 인지적 게으름은 다른 변수가 있을 가능성과 인과관계가 아닌 상관관계만 있을 가능성 등을 무시하게 한다.

재현 위기
replication crisis

재현 위기 ^{replication crisis}는 재현성 위기 ^{reproducibility crisis}라고도
한다.

재현성은 연구자가 바뀌거나 연구 시점이 달라져도
같은 변수로 같은 실험 절차를 거쳤을 때 동일한 결과를
반복해서 얻을 가능성을 말한다.

예컨대 A라는 연구자가 체화된 인지 실험에서 참가
자가 푹신한 의자에 앉았을 때 다른 사람을 포근하게 대
하고, 딱딱한 의자에 앉았을 때는 딱딱하게 대하는 경향
성을 증명했다고 하자. 그럼 B라는 연구자가 푹신한 의자
와 딱딱한 의자에 참가자를 앉게 한 뒤 다른 사람과 상호
작용하는 모습을 살폈을 때 똑같은 결과가 나와야 재현이
이뤄진 것이다. 즉, 심리학을 포함한 과학에서는 절차뿐
만이 아니라 결과까지 재현되었을 때 재현이 인정된다.

재현성은 보편적 진리를 추구하는 과학의 기본 요소
인 객관성과 신뢰성을 확보하기 위해서도 아주 중요하

다. 하지만 심리학뿐만 아니라 과학 전반의 재현성이 예상보다 낮다고 밝혀졌다.

2016년 과학 저널 〈네이처Nature〉에서 실시한 설문 조사에 따르면 응답자 중 70퍼센트가 다른 과학자의 실험을 재현하지 못했다. 50퍼센트는 자신의 실험 중 하나를 재현하는 데 실패했고, 24퍼센트만이 성공했다.

유명한 심리학 연구 결과도 재현 위기와 관련하여 비판받고 있다. '체화된 인지embodied cognition', '그릿GRIT', 웃는 표정을 지으면 긍정적 정서가 유발된다는 '안면 피드백 가설facial feedback hypothesis', 당당한 자세를 취하면 호르몬이 변화하여 심리적으로도 당당해진다는 '권력 자세 가설power posing hypothesis' 등 대중적으로도 널리 알려진 연구들은 다른 연구자의 노력에도 불구하고 재현 성공률이 낮았다. 아예 이런 연구들을 모아 문제점을 지적하는 《사이언스 픽션Science Fictions》, 《손쉬운 해결책The Quick Fix》 같은 비판서가 출간될 정도이다.

심리학의 영향력이 커진 현대에 재현 위기는 큰 문제이다. 보편적으로 타당성이 검증되지 않은 연구 결과를 바탕으로 자신과 타인을 이해하고 정책이나 물리적 시스템을 변화시키면 그 폐해가 커져 결국 심리학의 입지 자체가 줄어들 것이기 때문이다. 그래서 심리학 분야 내에서도 비판의 목소리가 커지고 있다.

비판론자에 따르면 재현 위기의 원인은 더 큰 유명세와 더 많은 연구비, 더 확고한 학문적 지위를 바라는 학자들의 연구 조작과 통계 처리 실수 혹은 의도적 수정, 성급한 결론, 연구 의미에 대한 과장 등이다.

일반 대중도 놀라운 심리학 연구를 다룬 기사나 책을 볼 때 해당 주장의 재현 가능성을 따진다면 재현 위기를 낳는 원인들의 영향력도 줄어들 수 있다.

더 효과적인 처방으로, 최근 심리학에서는 연구 윤리 강화와 학회지에 대한 세밀한 동료 평가로 재현 위기를 해결하려 하고 있다. 그 덕분에 주장-반박-통합의 논쟁을 활발하게 다루는 연구도 많아졌다. 따라서 어떤 연구를 통해 A라는 주장을 알게 되고 이를 적극 활용하려 한다면, 그것을 비판하는 다른 연구나 대안적 이론도 찾아볼 필요가 있다.

기초 심리학
basic psychology

심리학은 연구 분야에 따라 크게 기초 원리와 이론을 다루는 '기초 심리학basic psychology'과 이러한 원리와 이론으로 실제 문제를 해결하기 위한 '응용심리학'으로 나뉜다.

기초 심리학에는 실험심리학, 인지심리학, 발달심리학, 사회심리학, 생리심리학 등이 포함된다.

실험심리학experimental psychology은 심리학의 과학적 엄밀함을 위한 실험 설계와, 실험 절차상 왜곡이 나타날 수 있는 문제를 해결하는 방안 등을 다룬다. 즉, 어떻게 실험의 변수와 수준을 나누고 실험 참가자를 모집할지를 정하고, 참가자의 왜곡된 반응을 막기 위해 실험 내용을 미리 공지할지 여부도 정한다. 연구 윤리에 따라 참가자를 대하고 자료를 수집 및 해석하며 실험 종료 후에 실험 내용을 공지하는 방안 등도 다룬다.

계량심리학quantitative psychology은 수학적·통계적 방법 자체를 연구하는 기초 분야이다. 인간의 마음을 양적으로 측정하고 수리적으로 계산해서 통계를 냄으로써 과학적으로 더 타당한 심리학을 형성할 수 있다는 생각에서 나온 분야이다. 세부 분야로는 심리측정학psychometrics이 있다. 심리측정학의 주된 관심사는 각종 성격검사와 지능 검사처럼 눈에 보이지 않는 마음을 측정하여 통계 처리하고 그 정도를 기준점과 비교해서 객관화하는 것이다. 통계학 입장에서는 심리학에 응용된 분야라고 할 수 있지만, 심리학 입장에서는 마음을 계량적으로 다루기 위한 기초 분야이다.

인지심리학cognitive psychology은 인간의 마음을 하나의 정보처리 시스템으로 보는 인지주의에서 출발한 기초 분야이다. 외부의 자극 정보를 감각이 어떻게 지각하고, 주의를 통해 어떻게 다음 처리 과정으로 이동하며, 그중 어떤 것이 기억되고 판단 대상이 되며 행동으로 표출되는지를 다룬다. 각 과정에 영향을 줄 수 있는 요소들도 연구 대상이다. 그래서 인지심리학에는 지각심리학, 기억심리학, 학습심리학, 판단과 결정, 정서심리학 등 다양한 하위 분야가 있다. 심리학 개론서를 보면 대부분의 내용이 인지심리학일 정도로 심리학의 기초 분야로 자리 잡고 있다.

발달심리학developmental psychology은 인간이 출생해서 성장과 노화를 거쳐 사망하는 과정에서 나타나는 마음과 신체의 변화를 연구한다. 상담을 위해서는 의뢰인의 발달 상황을 이해해야 하고, 사이비 종교 문제를 다루려고 해도 해당 신도의 발달적 특징을 이해해야 하므로 다른 심리학의 기초가 된다.

신경심리학neuropsychology은 신경생물학적 구조가 마음과 행동에 어떻게 영향을 미치는지를 탐구하는 연구 분야이다. 세포의 구조와 움직임을 포착할 수 있는 영상술이 발달하면서 세밀한 연구가 진행되고 있다. 특히 최근 심리학에서는 과거의 추상적 수준의 심리적 효과를 증빙하는 데서 멈추지 않고 마음의 물리적 기반인 뇌를 연구하며 어떤 심리적 효과에 어떻게 반응하는지까지 증명하려 한다. 그래서 신경생물학적 지식이 심리학의 기초로 자리 잡고 있다.

성격심리학personality psychology은 주로 성격을 다룬다. 기질이 주로 선천적으로 주어진 특성과 밀접하다면, 성격은 후천적으로 형성되고 유지되는 특성이다. 성격심리학은 어떻게 성격이 형성되고 변화하고 유지되는지를 연구한다. MBTI처럼 성격을 특정 유형으로 나누어 살펴보기도 하지만 해당 특성의 정도를 계량화하는 특질론도 있다. 즉, MBTI에서 어떤 사람을 '외향성'으로 분류한다면, 특질론은 외향성이 60퍼센트이고 내향성이 40퍼센트라는 식으로 특질의 정도를 표현한다.

사회심리학social psychology은 사회적 상황에서 타인과 상호작용하는 인간의 심리와 행동을 연구한다. 동조, 복종, 리더십, 설득, 갈등, 사이비 종교 문제 등을 다룬다. 최근에는 하위 분야 중 하나로 인간의 마음에 큰 영향을 주는 사회적 요소로서 문화를 중시하는 문화심리학cultural psychology이 각광받고 있다.

동기심리학motivational psychology은 '인간을 움직이는 힘'을 연구하는 분야이다. 구체적으로 추동drive, 욕구need, 동기motive 등을 다룬다. 인간의 행동을 특정 방향으로 촉진하는 응용을 하기 위해서는 인간 기본 동기의 내용과 특성을 이해해야 하기 때문이다. 이 분야에서는 에이브러햄 매슬로Abraham Harold Maslow의 욕구 위계설, 접근-회피 동기 개념 등이 유명하며, 다양한 분야에 적용되고 있다.

응용심리학

applied psychology

응용심리학^{applied psychology}은 실생활의 문제를 해결하거나 개선하기 위해 심리학 지식을 응용하는 분야이다. 산업 및 조직심리학, 임상심리학, 상담심리학, 범죄심리학, 소비자심리학, 건강심리학, 공학심리학 등이 대표적 응용심리학이다.

산업 및 조직심리학^{industrial/organizational psychology}은 심리학 지식으로 조직 운영, 조직 내 인간관계, 조직의 능률 향상 등의 문제를 이해하고 더 나은 문제 해결을 도모하는 분야이다. 특히 기업과 기관의 '조직 관리'에 많이 응용된다. 사원 채용과 배치, 직무 교육 프로그램 개발, 위기 조직원 관리, 퇴사 관리 등 조직 생활의 처음부터 끝에 이르는 모두에 관여한다.

임상심리학^{clinical psychology}은 평균적인 정상 범위를 벗어나는 특성이 있는 사람을 진단 및 치료하는 것을 목적으로 한다. 주로 병원에서 응용하는 분야로, 주된 관심사는 불안 장애, 성격장애, 조현병, 편집증, 우울증 등이다. 정확한 진단을 위해 미국정신의학회에서 정한 진단 매뉴얼 DSM-5-TR을 이용하며, 일반 성격검사와는 다른 병리적 성격 특성을 확인하기 위해 만들어진 미네소타 다면 성격검사MMPI 등도 활용한다.

상담심리학counseling psychology은 임상심리학이 다루는 병리보다는 덜 심각한 정서적·행동적 문제를 주로 다룬다. 상담심리학은 칼 로저스Carl Rogers 등의 인본주의 관점에 크게 영향을 받아, 개인이 문제를 스스로 해결할 수 있다고 본다. 즉, 상담자는 피상담자의 문제를 직접 혹은 대신 해결하는 것이 아니라 피상담자의 해결 과정을 지지하고 문제를 들어주는 역할을 주로 맡는다.

따라서 의사의 약물 처방이 가능한 병원보다는 심리 상담 센터에서 주로 상담심리학을 응용하고 있다. 상담 심리 치료 기법으로는 인지 행동 치료, 정신분석 치료, 행동주의 치료, 실존주의 치료, 의미 치료, 현실 치료, 마음챙김, 예술 치료 등이 있다.

건강심리학health psychology은 신체적 병을 유발하는 심리적 문제의 영향력을 규명하고 신체적으로나 심리적으로 더 건강한 삶을 만드는 해결책을 찾는 분야이다. 주로 스트레스의 작동 기제와 효과를 연구하며, 스트레스 관리와 정서 조절, 생활 습관 개선 등을 통해 건강을 유지하는 방법을 찾는다. 최근에는 정부에서 좀 더 좋은 효과를 거두기 위해 각종 정책에 건강심리학 지식을 참고하기도 한다.

소비자심리학consumer psychology은 사람들이 제품과 서비스를 구매하고 사용할 때 작용하는 인지적 과정과 행동에 초점을 둔다. 그래서 구매에 영향을 주는 광고의 효과를 연구하는 광고심리학과, 구매 경험을 설계하는 마케팅심리학과 밀접하다.

행동경제학behavioral economics은 심리학과 경제학이 융합한 응용 분야이다. 인간이 의사 결정을 하는 데 영향을 주는 요인을 탐구하고, 특정 방향으로 결정하도록 하는 방법 등을 연구한다. 인지심리학자 허버트 사이먼Herbert Simon, 대니얼 카너먼Daniel Kahneman, 리처드 세일러Richard H. Thaler 등이 노벨경제학상을 받을 수 있었던 것도 기존 주류 경제학의 대안이 된 행동경제학의 토대를 만들거나 번창시킨 공로를 인정받았기 때문이다.

범죄심리학criminal psychology은 범죄자가 범죄를 저지르는 이유와 과정을 심리학적으로 탐구한다. 흔히 프로파

일러로 알려진 직업에서 주로 응용하는 심리학 분야이기도 하다. 범죄 예방과 수사 및 범죄자의 갱생을 목적으로 한다.

공학심리학engineering psychology은 지각, 주의, 기억, 학습, 사고 등과 같은 인지심리학 지식을 기계나 온라인 서비스, 인공지능 등의 컴퓨터 시스템에 활용하는 분야이다. 인체를 고려한 제품 디자인, 자율 주행 장치, 인공 현실AR, 챗봇, 인간-컴퓨터 상호작용human-computer interaction, HCI 등에 다양하게 응용된다.

이 밖에도 응용심리학에는 현장에 따라 군대에 특화된 군사심리학, 학교에 특화된 학교심리학, 효과적인 법 제정 및 실행을 위해 사법기관에 특화된 법정심리학 등이 있다.

정신분석

psychoanalysis

정신분석^{psychoanalysis}은 인간의 정신을 탐구하고 치료하기 위해 지크문트 프로이트가 처음 제안한 방법이다. 프로이트 이후 카를 구스타프 융, 알프레트 아들러 등의 의사와 학자가 가세하면서 정신분석학 분야가 정립되었다. 그래서 정신분석은 연구 및 치료 방법이자 학문 분야를 지칭하는 단어로도 쓰이게 되었다.

프로이트는 분석을 통해 인간의 정신 구조를 세 가지 층으로 설명했다. 그에 따르면 해수면 위의 빙하처럼 우리가 인식하는 곳에 '의식'이 위치하고, 그 밑에는 평소 인식하지는 않지만 언제든 다시 생각을 꺼낼 수 있는 '전의식'이 있다. 그리고 전의식보다 더 깊은 곳에는 '무의식'이 있다. 프로이트는 빙하처럼 드러난 부분보다 드러나지 않은 무의식이 훨씬 더 거대하며 정신에 큰 영향을 미친다고 보고 무의식 연구에 집중했다.

프로이트는 무의식의 요소를 분석하여 이드, 자아,

초자아의 상호작용으로 인간의 행동과 정신을 설명하려 했다. 그에 따르면 원초적 욕망과 본능인 이드^{id}와 내재화 된 사회규범인 초자아^{superego}를 자아인 에고^{ego}가 조율하 는 양상에 따라 사람의 행동과 정신 상태가 달라진다.

욕망을 억압하면 정신은 긴장한다. 정신은 긴장 상 태에서 벗어나고 싶어서 욕망을 충족하려 한다. 이것이 이드가 추구하는 쾌락 법칙이다. 하지만 이드가 원하는 대로 사회규범을 무시하고 욕망을 충족하면 나중에 사회 적 처벌을 받아 오히려 욕망 추구의 기회가 사라질 수 있 다. 그래서 자아는 현실의 제약 조건 안에서 욕망 충족의 수준을 조율하여 정신적 긴장을 해소하려고 한다. 이것 이 자아가 추구하는 현실 법칙이다.

자아가 현실 법칙만 강조하며 이드의 요구를 들어주 지 않으면 개인적으로 스트레스가 심해져 결국 폭발하듯 정신이 붕괴한다. 그러나 자아가 쾌락 법칙을 받아들이 면 사회적으로 문제를 일으킬 수 있다.

프로이트는 사회가 인정하는 방식으로 자아가 내부 욕구와 사회규범을 조화롭게 조율할 때는 적응하며 살 수 있지만, 부적절하게 조율해서 사회규범을 어기면 부적 응하며 정신 문제가 생길 수 있다고 봤다. 그래서 성숙한 자아가 만드는 행동과 미성숙한 자아가 만드는 문제를 구별해서 연구했다. 자아가 제대로 조율하지 못해 정신병에 걸린 예술가와 일반인의 사례도 연구했고, 미켈란젤로와 괴테처럼 성숙한 자아로 욕망을 예술 활동으로 승화시킨 사례도 연구했다.

한편 프로이트는 무의식이 의식의 억압을 받지 않고 활동하는 꿈도 주된 연구 대상으로 삼았다. 그 결과 프로이트는 성적 본능을 정신 역동의 핵심으로 보았다.

그러나 융과 아들러는 성적 본능을 강조한 프로이트에 반발했다. 정신분석 연구 방법을 사용해도 정신의 구조와 과정에 대한 학자들의 입장이 다양했기 때문에 각기 다른 정신분석 이론을 세웠다. 덕분에 현대의 심리학, 특히 상담심리학과 임상심리학이 크게 발달했다.

현재 정신분석은 심리학 중 하나의 관점으로 인정받고 있으나, 엄격하게 말해 심리학과는 입장이 많이 다르다. 이름부터 '정신'과 '심리'로 다른 것처럼 다루는 대상이 다르다. 정신분석학은 추상적 수준에서 정신 요소 중 주로 무의식을 다룬다. 이에 비해 심리학은 이성, 감성, 의지 측면을 고루 다루며, 마음을 생성하는 뇌를 구체적으로 실험 연구하는 등 융합과학적 특성이 더 강하다.

정신분석은 실험으로 가설을 증명할 수 없다는 한계가 있기 때문에 칼 포퍼[Karl Popper] 같은 과학철학자는 정신분석을 유사과학으로 분류했다. 정신의학에서도 전통적인 정신분석은 한계가 있음을 인정한다. 하지만 이성적 존재로서의 인간에 대한 관점 중심의 학문적 흐름에서 대안을 생각하게 한 공로는 널리 인정받고 있다.

현재도 영화, 드라마, 문학작품 등의 작가나 등장인물의 욕망과 무의식 등을 논하며 정신분석적으로 접근하는 '심리주의 비평'이 활발히 제기되고 있다.

행동주의
behaviorism

행동주의^{behaviorism}는 관찰과 예측이 가능한 행동들을 통해 인간이나 동물의 심리를 객관적으로 연구하려는 심리학 관점이다.

행동주의는 1913년 존 브로더스 왓슨^{John Broadus Watson}이 자신의 논문에서 처음으로 정의했고, 이후 버러스 스키너^{Burrhus F. Skinner}가 크게 발달시켰다.

과학으로서의 심리학을 추구한 스키너와 왓슨 등은 정신분석에서 주장하는 무의식 등의 추상적 구조와 설명에 거부감을 느꼈고, 관찰이나 실험으로 가설을 증명할 수 있는 과학적 심리학을 하고 싶었다. 그래서 겉으로 드러난 자극과 반응의 연합으로 인간 행동의 원리를 설명하려 했다.

행동주의에 따르면 인간의 행동은 후천적으로 얼마든지 조성될 수 있다. 왓슨은 앨버트라는 아기를 대상으로 공포를 조성하는 실험으로 이를 증명했다. 앨버트는 쥐, 토끼 등을 원래 무서워하지 않았다. 하지만 왓슨이 쥐나 토끼를 보여준 직후 큰 소음을 짝지어 제시하자 무서워하기 시작했다. 나중에 소음 없이 쥐나 토끼를 제시해도 공포를 느끼는 행동을 보였다. 그리고 죽을 때까지 쥐나 토끼를 두려워했다.

스키너는 인간의 모든 행동을 자극과 반응의 연합으로 만들 수 있다고 믿었다. 그는 인공지능이 없던 당시 미사일을 목표 지점에 정확히 떨어뜨리는 방법으로 비둘기를 이용하려 하기도 했다. 비행기 조종사가 흐린 날이나 밤에는 자신의 눈이 아니라 복잡한 계기판의 바늘이 가리키는 수치를 조합해서, 즉 자극에 반응해서 목표 지점까지 가는 것에 착안했다. 스키너는 비둘기가 복잡한 바늘들을 보고 목표 지점에 다다랐을 때 먹이를 쪼아 버튼을 누르도록 훈련시켜서 아주 먼 곳에 정확히 미사일을 떨어뜨리려 했다. 하지만 실험이 성공 단계까지 갔을 때 전쟁이 끝나 실전에 투입하지는 못했다.

행동주의 심리학자들은 당시에도 많은 비판을 받았다. 동물과 달리 인간은 지능이 높다는 사실을 무시했고, 인간의 행동에 영향을 미치는 많은 요인을 지나치게 단순화했다는 비판이었다. 또한 인간의 다양한 심리적 현상을 객관적으로 관찰할 수 없다는 이유로 무시하며 엄밀한 과학을 추구해 오히려 과학 발전을 가로막았다는 비판도 제기되었다. 그러다가 자극 반응 연합 이외의 요소를 고려하는 인지주의가 나타나면서 행동주의는 입지를 잃었다. 하지만 지금도 행동주의 심리학은 교육과 훈련 분야에 많은 영향을 미치고 있다.

행동주의 심리학자들은 특정 자극에 특정 반응이 일어나게 하려면 자극-반응 연합을 강하게 만드는 외부 자극이 추가로 필요하다는 사실을 깨달았다. 그래서 목표 행동이 나타나면 보상을 주고, 나타나지 않으면 처벌하는 시스템을 만들었다. 군대에서도 사격을 잘하면 곧바로 쉬게 하거나 휴가증을 주고, 사격을 못하면 곧바로 팔굽혀펴기를 시킨다. 가정, 학교, 직장에서도 원하는 행동이 나오면 칭찬을, 원하지 않는 행동이 나오면 처벌을 한다.

행동주의는 자극과 반응의 연합으로 인간의 심리와 행동을 연구한다는 점은 공통적이지만 구체적 연구 방법과 이론은 다양하다. 주요 학자와 이론으로는 이반 파블로프 Ivan Pavlov 의 고전적 조건화 classical conditioning, 스키너의 조작적 조건화 operant conditioning, 앨버트 반두라 Albert Bandura 의 관찰 학습 observational learning 등이 있다.

인지주의

cognitivism

인지주의^{cognitivism}는 행동주의의 한계를 타파하려는 연구 흐름에서 만들어졌다.

행동주의는 자극을 입력했을 때 어떤 행동이 출력되는지에 관심이 있었다. 입력과 출력 사이의 보이지 않는 처리 과정에는 관심을 두지 않았다. 눈에 보이지 않는 것을 다루면, 예전 프로이트의 정신분석처럼 과학적이지 않다고 생각했기 때문이다.

하지만 인지주의자들은 오히려 외부에서 관찰할 수 없는 인간과 동물 내부의 능동적인 처리 과정을 중시하며, 그 인지 구조와 과정을 연구하는 것이 과학적이라고 생각한다.

인지주의는 현대 심리학의 가장 큰 특징 중 하나인 융합과학적인 면을 획득하는 계기가 되기도 했다. 인지주의는 1956년 9월 11일 MIT에서 열린 학술대회를 시작점으로 태동했다고 할 수 있다. 당시 학술대회에는 하버드대학교의 마빈 민스키, 벨 연구소의 클로드 섀넌, IBM 의 너새니얼 로체스터, 다트머스대학교의 수학 교수 존 매카시, 카네기멜론공과대학교의 심리학자 허버트 사이먼 등 쟁쟁한 과학자와 기업 관련자들이 참여했다. 이들은 '기계가 스스로 발전할 수 있을까?', '인간의 지능을 기계에서 구현할 수 있을까?' 등에 대해 논의했다. 당시는 트랜지스터가 개발된 직후여서 컴퓨터의 발달이 몰고 올 파장이 최대 관심사였기 때문이다.

그런데 이 자리에 참석한 당시 28살의 언어학자 놈 촘스키^{Noam Chomsky} 박사가 주류였던 행동주의를 강력히 비판하는 연구 결과를 발표했다. 그는 다음과 같이 세 가지 논지를 펼쳤다.

첫째, 행동주의 이론이 주장하는 단순한 모방이나 강화에 의한 학습만으로는 어린이들이 언어를 배우는 과정을 설명할 수 없다. 행동주의의 가정에 따르면 인간은 수많은 반복 경험을 통해 자극-반응의 연합을 익히는 조건이 형성되어 언어를 배운다. 하지만 어린아이들이 다양한 표현을 익히는 속도는 극도로 빠르다. 즉, 시행착오에 의한 강화로 학습이 일어난다고 보기에는 무리가 있다. 또한 부모들이 아이들의 잘못된 표현을 일일이 처벌하는 식으로 강화하는 것도 아닌데 꽤 정확한 언어 표현을 익히는 것을 행동주의는 제대로 설명하지 못한다.

둘째, 언어 학습에는 단순한 단어 덩어리를 배우는 것 이상이 필요하다. 문법, 발음, 의미 변형 등에 대한 지식이 있어야 한다. 단지 겉으로 드러난 언어 행동만으로는 이를 설명할 수 없다. 하지만 행동주의는 객관적 행동만을 연구하기 때문에 심적인 언어 능력 전체를 온전히 설명할 수 없는 한계가 있다.

셋째, 행동주의는 언어의 폭발적인 생산성을 설명하지 못한다. 인간은 이전에 학습하지 않은 새로운 문장을 자유롭게 만들어낸다. 하지만 행동주의는 이전에 학습된 자극-반응 연합으로 언어를 설명하기 때문에 입력되지 않은 새로운 문장의 생성에 대해서는 설명하지 못한다.

현장에 있던 다른 학자들도 인간 마음의 구조와 과정은 무시할 대상이 아니므로 적극적으로 분석해야 한다고 동의했다. 단, 과거의 정신분석 같은 방식이 아니라 더 엄격하게 과학적으로 연구하자는 공감대를 형성했다. 이 공감대에서 나온 새로운 흐름을 인지주의라고 한다.

인지주의는 근대적 이성을 강조한 철학자 르네 데카르트에게서 큰 영향을 받았다. 데카르트는 원숭이와 같은 외모와 내부 기관을 지닌 기계를 만들었다면 그 기계와 동물을 구별할 수 있는 방법이 없다고 생각했다. 하지만 인간과 똑같은 외형과 내부 기관을 가진 기계를 만들었다고 해도 그 기계가 인간과 같을 수는 없다고 생각했다. 아주 정교한 밀랍 인형을 보고 "사람처럼 생겼다"라고 말하지만 "사람이다"라고 하지는 않는 것처럼 말이다. 데카르트는 그것이 정말 사람인지, 아니면 단순한 밀랍 인형에 가까운 기계인지 알아보는 방법 중 하나로 언어 검사를 만들기도 했다. 이것도 '정보처리 방법'을 중시하는 인지주의에 큰 영향을 줬다.

어떤 기계가 겉으로 인간의 단어를 쓰고 인간과 비슷하게 행동한다고 해서 인간과 비슷하다고 판단할 순 없다. 그러나 인간만이 할 수 있는 정보처리 방법을 찾아내서 그 방법을 기계에 입력한다면 지능을 갖게 할 수도 있을 거라고 인지주의자들은 생각했다. 인공지능 발달에 인지주의가 얼마나 영향을 줬는지 확인할 수 있는 대목이다.

인지주의 학자 앨런 뉴얼Allen Newell과 허버트 사이먼은 인간의 마음도 컴퓨터 같은 체계가 있다고 생각했다. 인지주의자들 주장의 핵심은 마음은 상징기호를 포함한 각종 정보를 처리하는 시스템이라는 것이다. 그래서 이들은 언어학자, 수학자, 컴퓨터공학자, 신경과학자, 정보이론가 등과도 연구했다.

하지만 초기에는 새로 태어난 연구의 흐름에 이름을 붙여주는 사람이 없었다. 행동주의 심리학이 오랫동안 주류를 차지했기 때문에, '인지'라는 이름도 1967년 울릭 나이서 Ulric Neisser가 《인지심리학 Cognitive Psychology》을 출간하고 나서야 일반적으로 사용되기 시작했다.

인본주의

humanism

철학적으로 인본주의는 '인간다움'을 중시하는 사상이다. 이런 맥락에서 심리학의 인본주의humanism는 심리 치료를 할 때 인간다움을 중심으로 생각하는 입장을 의미한다.

인본주의는 정신분석이 인간을 과거의 심리적 상처에 수동적으로 휘둘리는 부정적 존재로 본 것과, 행동주의가 인간의 심리와 행동을 동물과 다를 것 없는 자극과 반응의 연합으로 본 것에 대한 반발로 나타났다. 심리학의 인본주의는 정신분석, 행동주의, 인지주의처럼 구체적인 연구 방법과 관련되었다기보다는 인간을 대하는 기본적 태도와 관점에 더 가깝다. 그래서 주로 심리 치료에 큰 영향을 주었다.

인본주의 심리학의 대표적 인물은 인간 중심 치료person-centered therapy, PCT를 개발한 미국의 칼 로저스다. 인본주의 심리학의 핵심 요소는 세 가지다. 무조건적이고 긍정적인 존중unconditional positive regard, UPR과 진정성genuineness, 공감

empathy, 수용acceptance이다.

인본주의 심리학은 인간은 자신의 문제를 자신의 능력으로 충분히 해결할 수 있고, 누구나 자아와 창의성을 실현하고 표현하려는 의지와 추진력이 있다고 본다. 따라서 누군가 심리적 문제가 있을 때 상담자는 대신 해결해주려고 나서는 게 아니라 당사자가 해결할 수 있도록 옆에서 지지해주고 이야기를 들어주는 역할을 담당한다. 현재 상담가 대부분의 기본 자세는 인본주의 심리학이 형성했다.

인본주의는 인간중심주의anthropocentrism와는 다르다. 인간중심주의는 인간이 세계의 중심이며 궁극적인 목적이라고 주장한다. 인간과 자연의 관계에서 인간을 가장 가치 있는 존재로 여기고 인간의 이익이나 행복을 우선시하는 관점이다. 하지만 인본주의 심리학은 '인간다움'을 강조하며, 그 인간다움에는 타인에 대한 배려만이 아니라 자연과 생태를 위한 책임과 배려도 포함되어 있다.

신경과학
neuroscience

신경과학neuroscience은 뇌를 포함한 모든 신경계를 연구하는 학문이다.

심리학에서 신경과학 관점은 특히 뇌를 연구하여 우리가 외부 자극을 받아들이고 처리하고, 다른 사람이나 대상과 어떻게 상호작용하는지를 밝혀내는 데 중점을 둔다.

초기 인지주의자들이 인간의 심리를 정보처리 시스템으로 보고 컴퓨터를 통해 연구하려 한 것과 달리 초기 신경과학자들은 인간에게는 정보처리를 하는 뇌가 이미 주어져 있으니 그것으로 연구하면 된다고 생각했다. 하지만 초기에는 뇌를 해부해서 들여다본다고 해도 과학기술이 충분히 발전하지 않아 뇌의 주름만 볼 수 있을 뿐 정보처리 과정을 자세히 알 수는 없었다. 20세기 후반에 CT, MRI, fMRI, SPECT, PET 등 영상 진단 장비가 발전하며 살아 있는 사람의 뇌에 관한 연구가 활발해졌다.

신경과학에서는 뇌세포들이 연결된 시냅스를 중요시한다. 이 경향의 영향을 받은 인지주의자들은 복잡한 네트워크인 신경망을 모사한 인공지능을 만들었다. 이러한 입장을 연결주의connectionism라고 한다. 뇌 신경망을 모사한 인공지능은 딥 러닝을 통해 언어를 배우고, 새로운 언어를 발명하며, 다른 인공지능을 만들어내는 수준에 이르렀다.

과학을 중시하는 현대사회에서 뇌 연구는 큰 영향을 미친다. 예컨대 뇌 연구 결과 감정을 조절하고 행동을 통제하는 데 중요한 역할을 하는 전전두엽은 20대 중반을 지나야 성숙한다는 사실이 밝혀졌고, 이에 따라 사법부는 10대와 20대 초반 범죄자를 처벌하는 강도를 줄였다.

뇌 연구가 발달하면서 컴퓨터과학과 철학 등의 다양한 학문과 깊이 융합되기 시작했다. 포화 상태에 이른 감옥 때문에 골머리를 앓는 미국은 신경법학neurolaw이라는 융합 분야를 통해, 도덕성과 관련된 뇌의 작동 원리를 바탕으로 범죄자들이 도덕적으로 행동하게 만드는 알약을 먹이는 방법을 고려하고 있다. 높은 재범률도 문제이니, 범죄자가 출소하기 전에 뇌를 촬영해서 다시 범죄를 저지를지 예측하여 그에 맞는 처방을 내리려는 연구도 진행하고 있다.

신경마케팅neuromarketing이라는 분야도 있다. 그동안은 기업들이 설문 조사를 해도 소비자가 왜 해당 제품을 구매했는지를 정확히 모를 때가 많아 문제였다. 그래서 특정 상품에 대한 욕망에 관한 뇌 반응을 확인하여 광고와 마케팅에 사용하려 하고 있다.

교육 분야에서도 뇌의 반응 패턴을 보고 학생이 좋아하는 방식으로 교육하고 적성을 찾아주려는 신경교육neuroeducation 분야가 형성되었다.

이처럼 뇌 연구를 통한 마음의 이해는 사회 곳곳에 영향을 끼치는 중이다. 하지만 뇌로 모든 것을 설명하고 변화시키려는 시도에 대한 비판도 제기되고 있다. 철학자이자 인지과학자이며 신경과학자인 알바 노에Alva Noe는 《뇌과학의 함정 : 인간에 관한 가장 위험한 착각에 대하여 Out of Our Heads》에서 이렇게 주장했다.

뇌는 난로가 열을 내듯이 의식을 만들어내지 않는다. 차라리 악기에 비교하는 것이 더 나을 것이다. 악기는 혼자서 음악을 만들거나 소리를 내지 않는다. 사람들이 음악을 만들거나 소리를 내도록 해줄 뿐이다. 당신은 당신의 뇌라는 프랜시스 크릭의 생각, 더 기본적으로 말해 소화가 위의 현상이듯이 의식이 뇌의 현상이라는 생각은 저절로 연주되는 오케스트라와 같은 환상이다.

이런 여러 가능성과 위험성을 모두 고려해 현재 심리학에서는 신경과학적 관점을 적극 수용하되 과대 해석을 하지 않도록 비판적 입장에서 주의하고 있다.

진화심리학
evolutionary psychology

진화심리학^{evolutionary psychology}은 용어 그대로 진화론을 심리학에 적용한 분야이다.

진화심리학의 시각에서 마음은 개체가 환경에 적응하며 진화하여 형성된 결과물이다. 진화심리학은 인간과 동물의 행동, 그 행동의 배경이 된 마음과 작동 기제를 진화의 원리로 설명한다. 현대인의 뇌와 구석기시대 인류의 뇌는 차이가 없다고 보고, 복잡해 보이는 현대인의 행동도 원시시대의 행동 양식으로 설명한다.

'진화심리학'이라는 용어를 처음 사용한 인물은 미국에서 최초로 심리학과를 만든 윌리엄 제임스^{William James}다. 하지만 진화심리학이 그때부터 각광받은 것은 아니다. 자극과 반응의 연합, 결과와 행동의 관계로만 마음을 설명하려 하는 행동주의 심리학이 득세하면서 진화심리학은 제대로 논의되지 못했다. 1960년대를 지나고 행동주의 이후 인지주의가 심리학의 새로운 중심 관점으로 대두하면서 마음의 구조와 과정에 대한 다양한 가설이 제기되었다. 그중에는 사회생물학자 에드워드 윌슨Edward O. Wilson의 가설도 있었다.

원래 개미를 중심으로 곤충을 연구했던 윌슨은 1975년《사회생물학: 새로운 통합Sociobiology: The New Synthesis》 이라는 책을 발표했다. 이 책에서 윌슨은 생물학, 진화론, 동물행동학, 사회학 등을 결합하여 곤충의 사회적 행동을 설명할 수 있는 개념이 인간을 포함한 다른 동물의 사회적 행동도 설명할 수 있다고 주장했다.

사회생물학의 영향을 받은 진화심리학자들은, 자신의 유전자를 더 많이 퍼뜨리기 위한 수컷의 전략 등을 중심으로 한 동물의 짝짓기 행동을 바탕으로 결혼 배우자의 선택을 설명했다. 이들에 따르면 이타주의도 고결한 도덕적 가치에 따라 보상을 기대하지 않고 내리는 선택이라기보다는 개체와 그 개체가 속한 집단의 유전자를 퍼뜨리고 더욱 잘 생존하기 위한 진화적 설계가 작용한 결과다. 분자생물학자 리처드 도킨스Richard Dawkins도《이기적 유전자The Selfish Gene》등의 저서를 통해 이타적 행동에도 진화적 원리가 작동한다고 주장했고, 1980년대를 거치며 진화심리학은 더욱 발전했다.

현재 진화심리학은 심리학에서도 기본 5대 관점 이외의 대안적 관점으로서 많은 영향을 미치고 있다.

하지만 과학으로서의 심리학을 강조하는 주류 심리학은 진화심리학을 전면적으로 수용하지 못하고 있다. 진화심리학이 진화론에 바탕한 가설을 세우고 사례 연구와 추론적 설명을 주로 하기 때문에, 엄밀한 실험을 중심으로 한 연구 결과와 동등하게 인정할 수 없다는 비판이 많다. 진화심리학자들이 상관관계를 인과관계처럼 설명한다는 비판도 제기되고 있다. 또한 여러 집단을 비교하며 통계 처리하는 과정에서 엄밀하게 검증하지 않는다는 비판, 진화와 유전자의 영향력을 실제보다 부풀린다는 비판도 있다.

이런 비판에 진화심리학자들 역시 대응하고 있기 때문에 앞으로도 활발한 학문적 논쟁을 통해 더 발전할 수 있을 것이다. 대표적 진화심리학 학자로는 데이비드 버스David Buss, 루이즈 배럿Louise Barrett, 로빈 던바Robin Dunbar, 더글러스 켄릭Duglas Kenrick, 존 투비John Tooby, 레다 코스미데스Leda Cosmides 등이 있다.

던바의 수

Dunbar's number

던바의 수[Dunbar's number]는 영국 진화심리학자 로빈 던바가 제안한 개념으로, 개인이 사회적 관계를 안정적으로 유지할 수 있는 사람의 수를 뜻한다.

1992년 던바는 영장류 연구를 바탕으로 인간이 교류할 수 있는 친구의 한계치는 평균 150명이고, 고릴라는 평균 50마리라는 논문을 발표했다. 인간의 친구 관계가 더 많은 이유는 정보처리를 하는 대뇌 신피질이 더 크기 때문이라고 주장했다.

던바의 연구는 정보처리 능력, 즉 지능이 더 높으면 더 많은 친구를 유지할 수 있음을 시사하기도 한다. 하지만 비판론자들은 개체의 유전적·인지적 요소 외에 환경적 요소가 더 많은 영향을 줄 수 있는데 던바가 의도적으로 이 부분을 무시했다고 문제를 제기한다.

예를 들어 고릴라에 대한 던바의 수가 50마리로 제한되는 이유는 정보처리 능력뿐만이 아니라 배분할 먹이의 양과 이동 가능한 거리 안에 있는 개체 수 자체의 제한 등의 환경적 요소가 더 큰 영향을 미치기 때문이라는 반론이다.

던바의 수는 단순히 특정 평균 숫자만 지시하는 개념이 아니라 정서적 친밀도에 따른 층위를 내포한다. 가장 크게 믿고 의지하는 친구는 5명, 친한 친구는 15명, 그냥 친구는 50명, 지인은 150명 등으로 층위가 나뉘고, 사교 시간의 60퍼센트 이상은 최상위층 5명에 할애된다고 던바는 주장했다. 그리고 이 원리는 오프라인 공동체는 물론 온라인 네트워크에도 똑같이 적용된다고 강조했다.

던바의 지지자들은 기존의 군대가 130~150명으로 중대를 편제한 것도 예전에 경험적으로 유의미한 관계에 대한 던바의 수를 적용한 사례라고 주장한다. 던바가 논문을 발표한 이후 '던바의 수'는 소셜 미디어 플랫폼이나 온라인 보안 알고리즘에 활용되고, 고어텍스와 스웨덴 국세청 등 여러 기업과 정부 기관이 150명을 기준으로 조직을 편제하는 근거로 활용되기도 했다. 하지만 현재도 타당성에 대해서는 학문적 논쟁이 진행되고 있다.

한편으로는 인터넷이 보급되던 시기에 발표된 던바의 수를 소셜 네트워크 서비스와 스마트폰 앱 등이 발달한 현재에 적용하는 것이 문제이며, 교류할 수 있는 사람을 250명으로 늘려 잡아야 한다거나, 인플루언서 등 극단적으로 인맥이 두터운 사람 때문에 평균의 수가 왜곡된다는 비판이 제기되었다.

던바는 소셜 네트워크의 연결 강도는 약하기 때문에 150명이라는 숫자와 층위는 여전히 유효하다고 반론을 제기했다.

이처럼 서로 반론과 재반론을 주고받는 과정에서 개인의 인간관계에 대한 연구가 촉진되고 있다.

항상성

homeostasis

항상성^{homeostasis}은 유기체가 변수들을 조절하여 안정적이고 일정하게 내부 상태를 평형^{equilibrium}으로 유지하려는 특성이다.

간단히 말하면 내적 상태를 일정하게 유지하려는 경향성이다. 신체적 항상성의 대표적인 예는 체온조절이다.

심리적으로 항상성은 유기체가 욕구를 해결하는 과정에서 계속 영향을 미친다. 예를 들어 먹으려는 욕구가 커져서 음식을 먹었다면 무한대로 계속 먹는 것이 아니라, 욕구가 마음을 흔들기 전에 안정적인 평형 상태를 유지하기 위해 어느 수준에서 멈추게 된다. 어떤 일 때문에 기분이 무척 좋았다가 다시 마음이 차분해지는 것도 항상성 덕분이고, 울적했다가도 다시 차분해지는 것도 항상성 덕분이다.

심리학에서 항상성은 추동 감소 이론과 깊은 관련이 있다. 추동 감소 이론은 사람이 선천적으로 배고픔이나 갈증처럼 생리적 욕구에 바탕한 기본적 동기화 요소인 추동을 갖고 있다고 가정한다. 그리고 생리적 욕구가 증가하면 그 욕구를 감소시키려는 심리적 추동도 증가한다고 주장한다. 이때 기본 배경이 되는 개념이 항상성이다.

즉, 음식에 대한 욕구가 있으면 배고픔이라는 추동이 생기고, 추동을 감소시키기 위한 행동으로 음식을 먹어서 일정한 평형 상태로 돌아오려 한다는 것이다.

욕구 위계

hierarchy of needs

욕구 단계라고도 하는 욕구 위계^{hierarchy of needs}는 미국 심리
학자 에이브러햄 매슬로가 주장한 유명한 이론이다.

    매슬로는 인간의 욕구가 피라미드나 사다리 형태의
위계로 되어 있다고 생각했다. 즉, 하나의 욕구가 충족되
면 다음 단계의 욕구가 나타나는 식으로 반복된다고 여
겼다. 매슬로의 욕구를 낮은 위계부터 소개하면 생리적
욕구, 안전에 대한 욕구, 애정과 소속에 대한 욕구, 존중
에 대한 욕구, 자아실현에 대한 욕구, 자기 초월에 대한
욕구이다.

    생리적 욕구는 생명을 유지하기 위해 배고픔과 갈증
등을 해소하려는 욕구이다. 인간은 생리적 욕구가 충족되
어야 다음 단계로 안전에 대한 욕구를 만족시키려 한다.

    안전에 대한 욕구는 위험으로부터 자신을 보호하고
불안을 회피하려는 욕구이다. 인간은 신체적 안전만이
아니라 심리적 안정도 추구한다. 세상과 미래는 불확실

성이 크니, 통제할 수 있고 예측 가능하며 정보를 찾을 수 있거나 힘 있는 시스템에 의지하려고 한다.

애정과 소속에 대한 욕구는 누군가를 사랑하고 사랑받고 싶어 하는 욕구이다. 즉, 외로움과 소외감을 피하려는 욕구로, 원하는 집단에 귀속되고 싶어 하는 욕구이기도 하다.

존중에 대한 욕구는 타인에게 인정받고자 하는 욕구이다. 자존감, 유능감, 성취욕 등이 이 욕구와 밀접하다.

자아실현에 대한 욕구는 자기 고유의 잠재력을 최대한 발휘하려는 욕구이다.

마지막 단계는 자기 초월에 대한 욕구이다. 자기 자신의 잠재력을 달성하는 수준을 넘어선 의미를 추구하고 다른 사람과 세계에 기여하고자 하는 욕구이다.

매슬로는 앞의 욕구들을 결핍 욕구와 성장 욕구로 나눴다. 결핍 욕구는 한번 충족되면 더는 동기로 작용하지 않는다. 생리적 욕구, 안전에 대한 욕구, 애정과 소속에 대한 욕구, 존중에 대한 욕구가 결핍 욕구에 해당한다고 매슬로는 주장했다. 하지만 소셜 네트워크 서비스에서 볼 수 있는 것처럼 현실적으로 애정과 소속에 대한 욕구나 존중에 대한 욕구 등이 한번 충족되면 더 이상 동기로 작용하지 않는지에 대해서는 논란이 있다.

성장 욕구는 충족될수록 더욱 증대된다. 자아실현에 대한 욕구와 자기 초월에 대한 욕구가 이에 해당하며, 욕구 위계의 특성상 앞 단계의 욕구를 충족한 다음의 수준이기 때문에 많은 사람이 여기에 도달하지는 못한다고 매슬로는 주장했다.

욕구 위계론의 장점은 욕구를 명확하고 단순하게 나눠서 동기와 연관시켜 설명한다는 것이다.

하지만 현재는 이 이론에 대한 비판이 만만치 않다. 연구를 통해 매슬로의 욕구 위계의 순서는 고정되지 않는다고 밝혀지기도 했다. 자아실현 욕구 단계에 있는 사람도 자신의 정치적 의지를 보여주기 위해 단식하면서 생리적 욕구를 충족하지 않는 경우도 있으니 말이다. 또한 사회에 따라서는 개인주의적 문화가 강력해서 애정과 소속에 대한 욕구보다 자아실현 욕구를 먼저 충족하는 경향이 강할 수도 있다.

정서
emotion

정서^{emotion}는 다양한 감정, 생각, 행동과 관련된 생리적 반응과 함께하는 주관적 느낌이다.

예를 들어 외로움이라는 감정을 떠올리거나, 정치적인 생각을 하거나, 시험을 보는 행동을 하면 생기는 생리적 반응과 주관적 느낌이 바로 정서이다.

정서의 정의에 '감정'이라는 단어가 포함되어 있음에 주의해야 한다. 일반적으로 'emotion'은 감정으로 번역되지만 학술적으로는 '정서'로 번역된다. 학문적으로는 감정을 'affect'로 표현한다. 정서는 감정을 포괄하는 개념이다. 참고로 기분^{mood}은 특정 대상에 대한 반응이 아니며, 정서보다 오래 지속된다는 점이 다르다.

긍정심리학

positive psychology

긍정심리학^{positive psychology}은 2000년대의 시작을 앞두고 기존 심리학이 주로 인간의 부정적인 측면을 탐구했다는 반성에 바탕한 대안으로 나타났다.

이에 따라 긍정적 가치인 행복, 강점, 성장, 몰입 등을 주로 연구한다. 대표적인 학자는 부정적 측면인 학습된 무기력을 연구한 마틴 셀리그먼^{Martin Seligman}이다. 셀리그먼은 새로이 학습된 낙관주의 이론을 도입하고 긍정심리학의 발전에 공헌했다.

학습된 낙관주의 이론에 따르면 행복에 이르는 낙관주의는 어떤 대상에 의해 저절로 생기는 것이 아니라 능동적 노력으로 만들 수 있다. 셀리그먼은 행복의 조건으로 다섯 가지 구체적 요소의 머리글자를 따서 PERMA 공식을 제시했다. 긍정적 정서^{positive emotions}, 몰입^{engagement}, 원만한 인간관계^{relationships}, 의미 추구^{meaning}, 성취^{accomplishments}이다.

다섯 가지 요소에 경제적 부가 없음에 주의해야 한다. 경제적 부는 소득이 적을 때는 행복에 도움이 되지만 일정 소득 이상이 되면 영향력이 줄어들며 오히려 방해가 될 수 있다는 것이 큰 주목을 받았다. 이에 관해서는 연구자들이 반론과 재반론을 계속하며 논의하고 있다. 그럼에도 불구하고 앞서 소개한 다섯 가지 요소의 중요성에 대해서는 큰 비판이 제기되지 않고 있다.

2장

신경심리

뇌 영상 기법

뇌의 구조와 활동 과정을 영상으로 촬영하는 도구는 다양하다. 대표적인 것이 CT, MRI, fMRI, SPECT, PET이다.

컴퓨터 단층촬영 computed tomography, CT 은 방사선을 발생시키는 회전 장치가 있는 큰 원형 기계로 사람의 신체를 촬영하는 영상화 기법이다. 기존의 정지된 방사선 촬영과 달리 인체를 절편으로 잘라 보는 횡단면상을 제공한다는 것이 큰 장점이다. 또한 단층촬영한 면들을 합성하여 3D 영상으로 재구성할 수도 있다. CT의 해상도를 높인 영상 검사인 고해상 컴퓨터 단층촬영 high resolution computed tomography, HRCT 도 개발되었다.

자기 공명 영상 magnetic resonance imaging, MRI 은 강한 자기장에 인체를 노출시킨 후 반향되는 자기장을 측정하여 영상을 얻는 기법이다. 원래 수소 양성자는 규칙성 없이 회전하는데, MRI 기계의 강한 자기장에 노출되면 한 방향으로 정렬된다. 이후 수소 원자핵이 주파수에 공명하는 전자기파를 쏘면 자장의 변화를 측정하여 구조적 특성을 파악할 수 있다. 참고로 방사선을 사용하는 CT와 자기장을 사용하는 MRI는 더 정확히 촬영할 수 있는 병변이 각각 다르기 때문에 진단할 때 교차로 사용하기도 한다.

기능적 자기 공명 영상functional magnetic resonance imaging, fMRI은 뇌의 신경 활동이 활성화함에 따라 변화하는 혈류량, 특히 산소를 조직에 전달하고 이산화탄소를 받는 디옥시헤모글로빈의 농도 변화를 자기장을 통해 관찰하는 기법이다. 특정 뇌 영역이 평상시보다 더 높은 강도로 활동하면 산소가 더 많이 필요하므로 해당 영역을 지나는 혈액으로부터 산소를 많이 사용한다. 따라서 혈류 안 산소량의 변화를 비교하면 어떤 상황의 어느 영역에서 상대적으로 더 많은 산소를 필요로 했는지를 확인할 수 있다. fMRI는 물리적 측면에서는 MRI 기계와 동일하다. 그러나 소프트웨어적인 면이 다르기 때문에 뇌의 구조적 차이만이 아니라 뇌가 특정 기능을 수행하여 나타나는 변화를 측정하여 심리학에 획기적인 전환점을 가져왔다.

양전자 방출 단층촬영positron emission tomography, PET은 생체 내 포도당 분해가 활발한 정도를 3차원으로 표시하는 방사성 동위원소 영상화 기법이다. 에너지원인 포도당을 많이 소비하는 세포를 찾아 암의 전이 범위, 뇌와 심장의 활동 정도를 알아볼 수 있다. MRI가 주로 구조를 측정하는 데 쓰이는 반면 PET는 활동 과정의 문제를 측정하기 위해 쓰인다. 그래서 PET는 연구 목적을 제외하면 단독으로 시행되는 경우는 거의 없으며, 진단을 위해서는 MRI나 CT와 함께 활용된다.

SPECT single-photon emission computed tomography 는 포도당 신진대사를 추적하는 감마선을 활용하여 3차원 영상을 만든다. SPECT는 정확도가 매우 높은 편이나, 방사능에 노출될 위험이 높고, PET와 달리 감마선 기계를 별도로 도입해야 하는 문제 때문에 널리 사용되지는 않고 있다.

신경과학은 앞서 소개한 여러 뇌 영상 촬영 기법을 활용하면서 발전해왔다. 특히 인간이 특정 인지 과제를 수행할 때 활성화되는 뇌 부위를 확인하여 이들이 담당하는 역할에 관한 지도를 만들 수 있었다. 앞으로도 뇌 영상 촬영 기법으로 기관들의 세부적 역할과 상호작용 패턴에 대한 지식을 발전시키는 연구가 이어질 전망이다.

뉴런

neuron

뉴런neuron은 신경계와 신경조직을 이루는 기본 단위이다. 우리 몸의 내부와 외부에 자극이 생기면 뉴런이 자극을 전달하고, 척수와 뇌 등의 중추신경계로 자극 정보가 도달한다. 이후 중추신경계에서 처리한 정보가 다시 몸으로 전달되는 식으로 자극과 반응이 연결된다.

뉴런은 크게 세 가지 구조로 나뉜다. 뉴런 자체의 에너지를 대사하면서 세포의 생명을 유지시키는 세포핵nucleus이 있다. 다른 뉴런으로부터 신호를 입력받는 나뭇가지 모양의 수상돌기dendrites가 있다. 그리고 수상돌기보다 더 길게 외부로 뻗어 있어 다른 뉴런으로 신호를 출력하는 축삭axon이 있다.

뉴런과 뉴런은 직접적으로 연결되지 않으며, 뉴런의 접합부인 시냅스synapse에서 방출되는 신경전달물질에 의해 화학적으로 신호를 입력받고 전달한다.

뉴런은 임신 5주부터 1분당 25만 개씩 생성되며, 임신 8개월경 뇌가 거의 완성될 때부터 세포 사멸로 조금씩 자연스럽게 제거된다. 일반적으로 인간은 1천억 개 이상의 뉴런을 가지고 태어난다. 이후에도 큰 사고나 질병에 노출되지 않는 한 그 숫자는 크게 변하지 않는다.

참고로 뉴런 중에는 거울 뉴런mirror neuron이 있다. 거울 뉴런은 다른 사람이 특정 행동을 수행하는 것을 관찰할 때 활성화한다. 이 덕분에 인간은 다른 사람을 모방하거나 공감할 수 있다.

신경전달물질

neurotransmitter

신경전달물질^{neurotransmitter}은 흔히 호르몬이라는 용어와 혼용된다. 둘 다 시냅스 사이에서 신호를 전달하는 역할을 한다.

예를 들어 신호가 축삭에 도달하면 그에 따라 신경전달물질이 방출되고 이것을 수상돌기의 수용기가 받는다. 신경전달물질이 전달되는 순간 나트륨 이온이나 억제에 관여하는 염소 이온이 세포막 안으로 돌진해 새로운 자극 사이클이 시작되며 신호가 전달된다.

신경전달물질의 주요 이동 경로가 중추신경계인 데 비해 호르몬은 광범위한 내분비기관에서 분비되어 혈액을 통해 넓은 범위에 비교적 오랫동안 작용하는 점이 다르다.

심리학에서 중요시하는 대표적 신경전달물질은 다음과 같다.

가바^{GABA}는 억제성 신경전달물질로, 항불안 작용, 항

우울 작용, 항경련 작용, 혈압 강하 효과, 간 기능 개선 효과를 나타낸다.

옥시토신^{oxytocin}은 뇌하수체에서 분비되는 신경전달물질이다. 보통 자궁 내의 근육을 수축시키는 작용에 많이 사용되어 자궁 수축제나 진통 촉진제로 쓰인다. 또한 유선의 근섬유를 수축시키는 작용을 하여 젖의 분비를 촉진하는 데도 사용되고, 모성 행동$^{maternal\ behaviors}$과도 밀접하다. 이 외에 오르가슴^{orgasm}, 사회적 인정$^{social\ recognition}$, 불안^{anxiety} 등과 같은 다양한 정서에 옥시토신이 관여한다고 밝혀졌다.

도파민^{dopamine}은 뇌의 뉴런에서 생성되며, 중추신경계 내에서 억제 작용을 한다. 의욕, 행복, 기억, 인지 등 뇌의 다양한 기능과 연관 있다. 즉, 도파민 분비가 많아지면 의욕과 흥미를 더 많이 느낀다. 도파민 분비가 적어지면 파킨슨병의 사례처럼 움직임이 둔해지고 불안정해진다. 도파민 분비가 과도하면 조현병처럼 환각과 망상, 비정상적인 사고가 발생한다.

노르에피네프린^{norepinephrine}은 노르아드레날린^{noradrenaline}이라고도 한다. 저혈당, 공포, 추위 등에 대응하기 위해 부신수질의 크로마핀 세포에 있는 티로신으로부터 합성된다. 뇌에서는 주로 주의 집중력 강화, 기억 강화, 자극에 대한 반응 강화 등의 역할을 한다.

세로토닌^{serotonin}은 뇌의 시상하부에서 신경전달물질로 작용하며, 기분, 체온조절, 고통 인식, 수면 등에 영향을 준다. 특히 행복감을 느끼는 데 큰 역할을 하며, 부족하면 우울증이나 불안 장애가 생기기 쉽다. 일부 항우울제는 세로토닌 재흡수를 통제하여 우울증을 완화시킨다.

멜라토닌^{melatonin}은 인체의 생체 리듬을 조절한다. 불면증을 치료하려고 할 때 멜라토닌 약을 처방하기도 하는 것처럼 신경전달물질은 의약품에도 쓰이고 있다.

아세틸콜린^{acetylcholine}은 신경세포에서 주변 신경세포 또는 근육이나 분비선의 세포로 신호를 전송하는 과정에서 분비되는 신경전달물질이다. 기억, 학습 및 집중에 도움을 준다고 알려져 있다.

바소프레신^{vasopressin}은 배뇨를 조절하는 데 중요한 역할을 하는 신경전달물질이다. 최근에는 애착 행동에 관련한 역할에 대한 연구가 확대되고 있다.

대뇌

cerebrum

대뇌^{cerebrum}는 전체 뇌 무게의 80퍼센트 이상을 차지하는 가장 큰 부분으로, 좌우 두 개의 반구로 나뉘어 있다. 대뇌는 대뇌피질, 변연계 등으로 구성된다.

대뇌피질^{cerebral cortex}은 대뇌의 가장 바깥쪽에 위치한다. 인간의 뇌는 배아의 초기 발생 과정의 신경관^{neural tube}이 점차 발달하면서 전뇌, 중간뇌, 후뇌로 분화된다. 이 중 전뇌가 대뇌로 발달한다. 전뇌는 다시 종뇌^{telencephalon}와 간뇌^{diencephalon}로 분화된다. 여기서 종뇌는 최종적으로 신피질, 기저핵, 대뇌 변연계로 분화되고, 간뇌는 시상과 시상하부로 분화된다.

대뇌피질은 기억, 집중, 사고, 언어, 각성 및 의식 등의 많은 역할을 담당한다. 대뇌피질은 크게 전두엽, 두정엽, 측두엽, 후두엽 네 부위로 나뉜다.

전두엽^{frontal lobe}은 이마의 안쪽에 해당하는 부위로, 대뇌에서 가장 크다. 전두엽은 운동 피질과 전전두 피질로 나뉜다. 전전두 피질은 전두엽의 맨 앞에 있는 부분으로, 판단을 위한 나침반 역할을 한다. 특히 언어 기능과 감정 중추를 조절한다. 운동 피질은 전전두 피질 뒤쪽에서 두정엽 전의 고랑까지 있는 부위로, 움직임을 관장한다.

두정엽 parietal lobe은 정수리 안쪽에 해당하는 대뇌의 윗부분에 위치하며, 신체 감각 정보를 처리하는 기능을 담당한다. 신체의 각 부분에서 온 모든 감각 정보가 여기로 모여 신체에 대한 이미지를 형성하고, 위치와 공간 정보도 처리한다.

측두엽 temporal lobe은 대뇌의 양쪽 옆면에 위치하며, 양쪽 귀 주변에 해당하기에 청각이 일차적으로 전달되는 부분이다. 언어 이해에 관여하며, 대상이 무엇인지 파악하거나 사람의 얼굴을 알아보는 기능 등을 담당한다.

후두엽 occipital lobe은 대뇌의 뒷면에 위치하고 주로 시각 정보를 처리하는 역할을 한다.

대뇌반구는 좌뇌와 우뇌로 나뉘며, 사이의 뇌량 orpus callosum으로 연결되어 있다.

좌뇌와 우뇌는 각자 처리하는 정보가 나뉘어 있으나 절대적인 것은 아니다. 오른손잡이인지 왼손잡이인지의 여부, 문화적 특성, 개인의 경험 특성 등에 따라 달라진다.

하지만 개략적으로 나누면 좌반구는 지식에 기반한 정보처리, 즉 언어나 문자를 이해하고 해석하는 논리력과 어휘력을 담당한다. 이러한 사실은 좌뇌가 손상되면 언어 처리에 문제가 생기는 것을 통해 확인할 수 있다. 손상되지 않은 우뇌로도 언어를 이해할 수는 있지만, 생각을 언어로 표현하지는 못한다.

우반구는 추상적 사고와 인식을 담당한다. 우뇌가 손상되면 사고력에 이상이 생기고, 안면 인식 장애가 나타나기도 한다.

변연계

limbic system

변연계^{limbic system}는 대뇌피질과 간뇌 사이의 경계에 위치한 부위로, 측두엽의 안쪽에 있다. 주로 정서, 기억, 동기와 관련된 중요한 역할을 담당한다. 변연계가 손상되면 알츠하이머병, 기억상실증 등이 일어난다.

심리학에서 특히 중시하는 변연계의 요소는 해마와 편도체이다.

해마^{hippocampus}는 마치 해마처럼 끝이 말린 곡선처럼 생긴 두 개의 조직이다. 기억에 중추적인 역할을 하는 해마가 손상되면 손상되기 전의 기억은 유지하지만 새로운 기억을 생성할 수 없다.

해마는 후천적으로 더 발달하기도 한다. 복잡한 길을 찾아가야 하는 영국 택시 운전사의 경우 일반인보다 해마가 더 크다는 사실이 연구를 통해 밝혀졌다. 어떤 대상을 보고 감정을 느끼려면 그 대상에 대한 기억도 있어야 하기에 해마가 손상되면 감정 처리에도 문제가 생긴다.

편도체[amygdala]는 아몬드 모양으로 해마의 끝에 연결되어 있다. 편도체는 해마를 자극하여 기억을 저장하거나 인출하게 한다. 특히 사건 기억과 스스로의 과거에 대한 기억에 관여한다.

또한 주의 집중과 감정 처리에도 중요한 역할을 한다. 편도체가 민감하면 겁이 많고 소심한 성향을 갖게 된다. 편도체가 손상되면 감정을 제대로 처리할 수 없어서 적응에 문제가 생긴다.

신경 가소성

neuroplasticity

뇌세포와 뇌 부위가 유동적으로 변하는 현상을 신경 가
소성neuroplasticity 혹은 뇌 가소성이라고 한다.

즉, 성장과 재조직을 통해 뇌가 스스로 신경 회로를
바꾸는 능력을 뜻한다.

인간은 신경 가소성 덕분에 학습, 기억, 감정 처리 등
을 할 수 있다. 또한 사고나 질병으로 뇌세포에 이상이 발
생해도 정상적인 기능을 회복할 수 있는 것도 영구적으
로 고정되지 않고 스스로 재구조화하는 신경 가소성 덕
분이다. 강박 장애 환자에게 인지 행동 치료를 시행하면
뇌가 변화하는 것도 뉴런의 연결과 활성화 영역이 달라
지는 신경 가소성 덕분이다. 신경 가소성을 바탕으로 학
습 장애를 치료하는 '패스트 포워드Fast Forword' 같은 컴퓨터
프로그램이 개발되기도 했다.

기본적으로 사람의 뇌는 대뇌피질 영역별로 담당하
는 기능이 비슷하다. 하지만 개인의 경험과 외부 자극에

따라 그 영역의 크기가 다르거나, 다른 영역과 상호작용하며 정보를 처리하기도 한다. 이것도 신경 가소성 덕분에 뇌가 신경망을 재구조화하기 때문이다. 장애가 생겨서 기존에 특정 기능을 담당하던 부위에 문제가 나타나면 다른 부위가 해당 기능을 담당하는 쪽으로 변화하기도 한다.

위약 효과

placebo effect

위약 효과placebo effect는 치료에 전혀 도움이 되지 않는 성분으로 된 약제가 효과가 있을 것이라는 기대 때문에 실제로 효과를 발휘하는 현상이다.

즉, 생리적 성분이 아니라 심리적 요소로 효과를 얻는 방법이다. 플라시보 효과, 가짜 약 효과라고도 한다.

이 효과의 정확한 원인은 아직 밝혀지지 않았지만 도파민 같은 신경전달물질의 증가, 감정과 관련 있는 뇌 부위의 활성화, 감정적 반응, 자각 등이 영향을 준다고 추정된다. 2007년 정신의학자 존카 주비에타Jon-Kar Zubieta의 연구에 따르면 약효가 있다고 말하고 진통제 대신 가짜 약을 투입하면 뇌 속에서 화학적 변화가 일어났다. 위약 효과는 자기가 먹은 약이 가짜가 아니라 진짜 약이라고 믿을 때 더 강하게 나타난다.

한편 가짜 약을 먹고 그것이 해롭다고 믿으면 상태가 나빠지는 노시보 효과nocebo effect도 있다. 약의 부작용에 대한 공지를 읽은 다음 사실상 약효가 없는 약을 먹어도 부작용이라고 믿는 증상을 경험할 수 있다. 또한 진짜 약을 먹어도 약효가 없을 것이라고 지레 생각하면 실제로 약효가 떨어질 수 있다.

길항제

antagonist

길항제^{antagonist}는 신경전달물질의 생성이나 방출을 차단하여 해당 신경전달물질의 역할을 약화시킨다.

흔히 상품명인 보톡스로 알려져 있는 보툴리누스는 근육운동에 관여하는 신경전달물질인 아세틸콜린 방출을 차단하여 얼굴 근육의 주름을 펴주는 효과를 발휘한다.

길항제와 반대되는 개념으로는 효능제^{agonist}가 있다. 효능제는 신경전달물질의 생성이나 방출을 증가시키거나, 시냅스에서 재흡수를 차단한다. 우울증 약으로 쓰이는 세로토닌 재흡수 억제제는 대개 효능제이다.

향정신성 약물
psychoactive drug

향정신성 약물^{psychoactive drug}은 크게 안정제, 흥분제, 환각제 세 가지로 나뉜다.

안정제^{depressant}는 신경 활동을 감소시키고 신체 기능을 느리게 만드는 약물이다. 대표적인 안정제는 알코올과 아편제이다. 알코올을 대량으로 섭취하면 안정제이고 소량으로 섭취하면 흥분제라고 알려져 있지만 잘못된 상식이다. 알코올 섭취량에 따라 겉으로 드러나는 섭취자의 모습을 보고 오해한 결과일 뿐이다. 알코올은 양과 무관하게 두뇌 활동과 교감신경계 활동을 느리게 만든다. 그래서 반응이 느려지고, 말을 조리 있게 하지 못하고, 실수를 저지른다. 아편도 신경 기능을 억눌러 일시적으로 불안과 통증을 완화하기는 한다. 하지만 금단증상을 유발할 수 있어서 정확한 진단과 처방을 받아 활용해야 한다.

흥분제^{stimulant}는 신경 활동을 촉진하고 신체 기능 속도를 높이는 약물로, 중독되기 쉽다. 대표적인 흥분제는 니코틴, 카페인, 코카인, 암페타민, 엑스터시 등이다. 코카인은 중독성이 매우 강해서 주입되면 황홀감을 경험하지만, 1시간 이내에 약효가 떨어지면서 정상적인 신경전달 물질 대사가 붕괴되기에 오히려 극도의 우울감을 경험하게 된다. 그래서 더 강한 자극에 매달리게 된다.

환각제hallucinogen는 감각 입력이 없는 상황에서 감각 경험을 일으키는 약물이다. 환각이 최고조에 달하면 신체와 정신이 분리된 듯하다고 느끼거나 초현실적 장면을 현실인 것처럼 느끼기도 하고, 임사 체험을 하기도 한다. 대표적인 환각제는 마리화나와 LSD다. LSD를 복용하면 공황을 경험할 수도 있고, 마리화나를 복용하면 감각이 극도로 예민해져 슈퍼 히어로가 된 느낌을 받기도 하지만 심리 장애를 겪을 위험도 높아진다.

참고로 엑스터시는 흥분제이자 환각제이기도 하다. 엑스터시는 황홀감과 친밀감을 유발하지만 세로토닌 생성 뉴런과 정서 및 인지 기능을 느리게 만들고 기억을 심각하게 손상시킨다.

양원제

bicameralism

일부 국가의 정치 체계가 상원과 하원 두 권력 층위로 나뉘는 것처럼, 인간의 마음이 두 가지 층위로 나뉜다고 주장하는 가설이다.

양원제^{bicameralism}에 따르면 마음은 지시하는 부분과 복종하는 부분으로 나뉜다. 고대 그리스인들이 정서와 욕망이 자기 마음 안에서 나오는 것이 아니라 외부에 있는 신의 의지로 만들어진다고 생각한 것처럼 양원제 가설은 뿌리가 깊다.

현대의 심리학자 줄리언 제인스^{Julian Jaynes}는 뇌의 일부분은 말하는 부분이고 다른 부분은 듣는 부분이라고 주장한다. 그는 자신의 주장을 뒷받침하기 위해 고대부터 중세에 이르는 문헌과 신화 등을 분석했다.

하지만 제인스의 가설은 아직까지 논쟁의 대상이 되고 있다. 비판론자들은 의식이 문화적으로 형성된 것이라는 개념부터 잘못됐다고 지적한다. 반면 지지자들은 인지신경과학자 마이클 가자니가[Michael S. Gazzaniga]가 뇌전증을 치료하기 위해 뇌량 절제 수술을 시행한 환자 실험의 맥락에 따라 좌뇌와 우뇌의 각각 다른 역할과 상호작용을 연구하여 제인스의 가설을 증명하려 하고 있다.

가자니가의 실험에서 유래한 분할 뇌 연구는 마음의 모듈이 여러 가지일 수 있음을 시사한다. 예를 들어 우뇌에서만 정보를 처리하도록 하기 위해 물체를 왼쪽 시야에만 보이게 하고 뭐가 보이는지 물으면, 언어를 담당하는 좌뇌가 작동하기 때문에 피실험자는 아무것도 안 보인다고 답한다. 하지만 우뇌에서는 그 물건을 보고 무엇인지 판단했기에 실험자가 왼손으로 집어보라고 요청하면 피실험자는 물체를 집을 수 있다. 이를 통해 적어도 좌뇌와 우뇌가 별개로 움직이는 것을 확인할 수 있다.

분할 뇌 환자처럼 뇌량이 제거되어 우반구와 좌반구가 소통하지 못하는 경우에 해당하지 않는 일반인은 평소 마음속에 나뉜 의식을 제대로 경험하지 않는다.

가자니가는 다음과 같은 실험으로 일반인의 의식 분리 현상을 탐구했다. 먼저 특별한 방법을 고안하여 실험 참가자의 좌뇌가 담당하는 언어를 통하지 않고 우뇌만 인지할 수 있게 했다. 그리고 창가로 움직이라고 지시하자 참가자들은 지시를 따랐다. 나중에 참가자에게 '왜 창가로 갔느냐'라고 묻자 우뇌와 상호작용하지 않아 실제 이유를 인지하지 못한 좌뇌는 '창가에 무엇이 있는지 보려고 갔다', '소음이 들려서 갔다' 등의 말을 꾸며댔다. 창가로 간 행동이 논리적으로 맞도록 말하려고 노력한 결과였다.

우뇌가 생각과 판단에 관여한다면, 좌뇌가 주로 담당하는 언어는 의식에서 대체 어떤 역할을 하느냐는 학문적 관심이 쏟아졌다. 제인스는 의식에 언어가 필요조건이기는 하지만 충분조건은 아니라고 주장한다. 언어가 주관적 의식을 만드는 데 필요하다는 제인스의 주장은 대니얼 데닛^{Daniel Dennett}과 윌리엄 캘빈^{William H. Calvin} 등의 지지를 받았다.

현재는 조현병과 환각 등의 정신장애 상황을 중심으로 양원제 모델이 정말 맞는지에 대한 복잡한 논증이 계속되고 있다. 언어학, 철학, 인류학 등 다양한 분야에 걸쳐 논의되다 보니 대중적 관심도 생겨서, 2016년 공개된 HBO 드라마 〈웨스트 월드^{West World}〉 시즌 1 최종 에피소드 제목으로 'bicamerical mind'가 쓰이기도 했다.

제인스의 분류를 그대로 따르지 않더라도 인지를 두

부분으로 나누는 경우는 많다. 신경과학자 V. S. 라마찬드란[V. S. Ramachandran]은 2003년 출간한 책 《창발하는 마음[The Emerging Mind]》에서 좌반구 대뇌피질은 '현재 상태에 집착하는 완강한 보수주의자'로, 우반구 대뇌피질은 '현재 상태를 전복시키려는 혁명주의자'로 나누었다. 좌뇌가 현 상태에 집착해서 그럴듯한 말들을 쏟아내면 우뇌가 과감하게 브레이크를 건다고 비유적으로 표현하기도 했다.

미국 펜실베이니아주 슬리퍼리록대학교 인지심리학 교수인 인지신경심리학자 크리스 나이바우어[Chris Niebauer]는 2017년 우리나라에서도 출간된 저서 《하마터면 깨달을 뻔[The Neurotic's Guide to Avoiding Enlightenment]》에서, 언어로 표현할 수 있는 깨달음은 진정한 깨달음이 아니라고 주장했다. 좌뇌가 언어를 바탕으로 범주화, 개념화에 치중하지만 막상 생각하고 판단을 내리는 것은 우뇌이므로 차이가 생긴다는 의미였다.

이처럼 인간의 마음을 두 가지로 나누는 다양한 양원제 이론은 복잡한 사고와 언어 처리 등의 인지 과정을 너무 단순화한다고 비판받기도 한다.

와다 테스트

Wada test

와다 테스트^{Wada test}는 뇌의 절반을 마취하고 나머지 절반만 활동하게 하며 특정 영역의 기능을 알아보는 방법이다.

뇌전증이 심한 환자의 뉴런이 한꺼번에 발화되는 것을 막기 위해 뇌량을 절제하는 수술 등을 고려할 때 대개 2박 3일 동안 입원시켜서 진행한다. 시차를 두고 좌뇌와 우뇌를 각각 마취하여 한쪽 뇌의 언어 기능과 기억 기능을 확인한다.

와다 테스트를 시행하면 한쪽 뇌가 마취되어 의식하지 못할 때 의식이 있어서 과제를 수행한 다른 쪽의 활동을 알아차리지 못한다. 이것을 통해 뇌에 두 의식이 존재할 수 있다는 주장도 제기되었다.

하지만 뇌량을 절제하는 뇌전증 수술을 받은 환자 중에는 좌반구와 우반구가 나뉘어 두 가지 의식 때문에 혼란스러워하기보다는 뇌전증이 호전되어 마음이 편해졌다는 사례가 더 많아 아직 논란의 소지가 있다. 또한 아

예 선천적으로 뇌량이 없이 태어난 '뇌량 무형성증' 환자
도 의식의 분열을 경험하지는 않기 때문에 단순하게 인
식할 문제가 아니므로 논란이 계속되고 있다.

기능적 연결성

functional connectivity

뇌 영상 분석에서 물리적으로 떨어져 있는 여러 영역의 신경생리학적 현상들이 상관관계가 있을 때, 이 영역들이 기능적으로 연결되어 있다고 말한다. 예를 들어 좌뇌와 우뇌는 평소 상응하는 부분이 비슷한 활동성을 보이는데 이를 기능적 연결성 functional connectivity 이라고 한다.

언어는 좌뇌가 주로 담당하고 추상적 사고는 우뇌가 주로 담당하는 것처럼 양쪽 반구가 담당하는 기능이 다른 경우도 있다. 하지만 몸의 왼쪽과 오른쪽의 운동 통제 등 대부분의 기능은 좌뇌와 우뇌가 대등하게 담당한다.

와다 테스트 같은 특별한 경우를 제외하고는 양쪽의 활동성이 비슷한 특성을 기능적 연결성이라고 부른다. 뇌량이 없이 태어나거나 크게 손상된 사람도 기능적 연결성 덕분에 큰 문제 없이 생활할 수 있는 것으로 보인다.

3장

발달

프로이트 발달 이론

프로이트는 무의식이 정신에 가장 큰 영향을 준다고 생각했다. 또한 무의식에 가장 큰 영향을 미치는 것은 본능이라고 주장했다. 그는 본능적인 에너지를 리비도라고 정의했다. 리비도는 본능을 느끼거나 발현되는 신체 부위에서 이동한다.

프로이트는 쾌감을 추구하는 신체 부위에 따라 발달 단계를 구분했다. 바로 구강기, 항문기, 남근기, 잠재기, 성욕기이다.

구강기^{oral stage}는 출생 후 약 2세까지 보이는 발달 단계이다. 먹고 마시고 깨물고 뱉는 등 주로 입을 통해 쾌감을 충족해서 구강기라고 프로이트는 정의했다. 그에 따르면 구강기의 행동에 고착되면 신체적으로 성인이 되어도 먹고 마시는 흡연과 음주, 키스 등에 많은 관심을 갖는다. 또한 이가 나올 때 깨물고 뱉어내는 행동에 고착되면 공격적인 성격을 갖게 되고 남을 통제하려는 성향이 강해진다.

항문기^{anal stage}는 약 2~4세 때 보이는 발달 단계이다. 이 시기에는 주로 배변 훈련을 하면서 마음대로 욕구를 충족하는 게 아니라, 현실적으로 시간과 장소에 따라 욕구 충족이 제약되고, 때로는 참아야 한다는 사실을 배운다. 배변을 참거나 시원하게 하며 리비도가 항문에 집중되어 있기에 항문기라고 한다. 프로이트는 어릴 때 적절한 욕구 충족으로 배설하면 자신의 배설물을 중요하게 여기고 창조물로 보기 때문에 창의적이고 생산적인 성격이 된다고 주장했다. 하지만 배변 훈련이 엄격하거나 무조건 거부당하면 다른 사람의 요구에 적대적이고 파괴적인 성향이나 융통성 없는 성격이 만들어진다고 주장했다.

남근기^{phallic stage}는 약 4~6세 때 보이는 발달 단계이다. 이 시기에는 아이가 자기 성기를 만지면서 쾌감을 느끼기 시작한다. 또한 남성과 여성을 구별하게 되어 성기에 민감해진다. 남자아이는 어머니를 성적 애착의 대상으로 생각하고 아버지를 경쟁자로 여기며 미워하고 두려워하는 오이디푸스콤플렉스에 빠진다. 여자아이는 남자아이의 성기와 자신의 성기를 비교하여 열등감과 좌절감을 겪는 동시에 아버지를 성적 애착의 대상으로 생각하고 어머니를 적대시하는 엘렉트라콤플렉스에 빠진다고 프로이트는 주장했다.

잠재기^{latency stage}는 약 6~12세 때 보이는 발달 단계이다. 이 시기에 대부분의 아이는 대중 교육을 받기 위해 학교에 다니며, 신체의 특정 부위 자극이 아니라 친구 관계, 취미 활동, 스포츠 등 사회적 활동을 통해 욕구를 충족한다. 이 시기에는 쾌락원칙보다는 현실원칙을 더 따르려 노력하며 사회규범을 내면화하면서 도덕적 자아를 형성한다고 프로이트는 주장했다.

성욕기^{genital stage}는 12세 이후, 즉 사춘기 이후에 보이는 발달 단계이다. 2차성징이 생기면서 성욕을 느끼기에 성욕기라는 이름이 붙었다. 사춘기가 되면 가족으로부터 정서적 독립을 추구하면서 내적·외적 갈등을 많이 경험하기도 한다.

현재 프로이트 발달 이론은 많은 비판을 받고 있다.

첫째는 완결성이 부족하다는 것이다. 프로이트는 약 12세인 성욕기 이후 성인과 노인이 어떻게 발달해서 어떻게 변화하는지를 구체적 이론으로 정립하지 않았기에 완전한 발달 이론이라고 할 수 없다.

둘째는 사회적·정서적 변수들을 과소평가하고 지나

치게 성적 본능을 강조하며 발달 단계를 나눠서 현실을 왜곡했다는 비판이다. 발달은 쾌감을 느끼는 신체 부위에만 관련된 문제가 아닐 수도 있다.

셋째는 인간을 과거의 경험과 본능에 수동적으로 좌우되는 존재로 봤다는 비판이다. 예를 들어 현재의 음주를 스트레스를 풀기 위해 자신의 의지로 선택했을 수도 있지만, 프로이트는 과거의 구강기가 고착되었기 때문이라고 설명한다.

넷째는 성차별적 요소가 많다는 비판이다. 여성이 남성의 성기를 보고 열등감을 느낀다는 프로이트의 주장은 과학적으로 증명되지 않은 성차별 관념에 더 가깝다.

피아제 발달 이론

스위스의 철학자, 자연과학자, 심리학자인 장 피아제^{Jean Piaget}는 원래 연체동물을 연구하는 생물학자였다. 그는 어릴 때 식물원에서 일하며 씨앗에서 전혀 다른 모습의 새싹이 나오고 전혀 다른 모습의 나무로 자라나 열매 맺는 과정을 관찰한 경험을 바탕으로, 인간의 발달도 형태가 구별되는 단계가 있다고 생각했다.

프로이트가 신체 부위를 중시하며 발달 이론을 만들었다면, 피아제는 연령에 따른 인지 발달을 중시하여 발달 이론을 만들었다. 피아제는 인지 발달을 감각운동기, 전조작기, 구체적조작기, 형식적조작기로 나눴다.

감각운동기^{sensorimotor stage}는 출생 후 2세까지 보이는 발달 단계이다. 이 시기 인지 발달의 가장 큰 특징은 대상 영속성^{object permanence}이다. 대상 영속성은 대상이 잠시 보이지 않게 되더라도 여전히 존재한다는 사실을 아는 것을 말한다. 처음에 아기는 대상 영속성이 없기 때문에 인형을 천으로 가리면 존재하지 않는 줄 안다. 그러다 천을 치우면 인형이 다시 나타난 것으로 알고 신기해한다. 하지만 8개월쯤 되면 대상 영속성을 획득하기 시작해서 사라진 대상물을 사라진 자리에서 찾을 수 있다. 예컨대 장롱 밑으로 들어가서 안 보이는 물건이 완전히 사라진 것이 아니라 밑에 있을 것이라고 생각해서 찾는다. 이 시기에는 대상을 인식하기 위해 시각 능력이 발달하기도 한다.

전조작기preoperational stage는 약 2~7세 때 보이는 발달 단계이다. 이 시기의 가장 큰 특징은 자기중심성egocentrism이다. 자기중심성은 타인의 지각, 관점, 생각, 감정이 자신과 동일하다고 생각하는 것이다.

예를 들어 이 시기의 아이에게 모양이 서로 다른 세 개의 산을 인형이 지나가는 모습을 보여준 후 인형의 관점에서 산의 모양을 설명해보라고 하면 인형이 아니라 자신이 보는 관점에서 설명한다. 자신이 어떤 음식을 좋아하면 다른 사람도 당연히 그 음식을 좋아할 것이라 생각한다. 또한 자신이 아는 지식은 당연히 타인도 알고 있을 거라고 생각한다.

물활론적 사고animism도 전조작기의 주요 특징이다. 전조작기의 아이들은 무생물도 자신처럼 살아 있으며 감정과 의지를 지닌다고 믿는다. 이처럼 처음에는 모든 것이 살아 있다고 생각한다. 하지만 더 자라면 돌은 움직이지 않기 때문에 생명이 없고, 동물과 자동차는 움직이기 때문에 생명이 있다고 생각한다. 그러고 나서 자동차는 사람이 운전하는 것이니 살아 있는 것이 아니고, 동물은 스스로 움직일 수 있으니 살아 있는 것이라고 생각하게 된다.

구체적조작기^{concrete operational stage}는 약 7~11세 때 보이는 발달 단계이다. 7세가 되면 대부분 보존 개념^{conservation}을 지니게 된다. 보존 개념이란 대상이 모양을 바꿔도 양은 바뀌지 않는다는 개념이다.

예를 들어 보존 개념이 발달하기 전에는 물을 크기가 다른 컵으로 옮겨 담으면 양이 많아졌거나 적어졌다고 생각한다. 하지만 보존 개념이 생기면 물을 폭이 좁은 컵으로 옮겨 담아서 더 높아 보여도 양은 그대로라는 사실을 안다. 또한 타인의 관점과 더 객관적인 관점에서 상황을 보면서 자기중심성을 극복한다.

형식적조작기^{formal operational stage}는 11세 이후에 보이는 발달 단계이다. 이 시기에는 가설적 사고, 과학적 사고, 추상적 사고를 할 수 있게 된다.

피아제는 발달과 관련하여 동화와 조절의 역할을 강조했다. 동화^{assimilation}는 기존에 아는 것을 바탕으로 새로운 현상을 이해하는 것이다. 조절^{accommodation}은 동화를 통해 새로운 현상을 이해하는 데 실패하면 아예 자기 이해의 틀을 수정하는 것이다. 피아제는 이해의 틀을 도식^{schema}이라는 용어로 정의했다.

현재 피아제의 이론은 많은 비판을 받고 있다.

첫째는 완결성이 부족하다는 것이다. 피아제는 프로이트와 마찬가지로 청소년기의 초입에 해당하는 형식적 조작기 이후의 발달을 구체화하지 않았다.

둘째는 현실과 이론의 괴리이다. 프로이트의 수동적 인간관과는 다르게 아이가 능동적으로 동화와 조절을 통해 발달한다는 피아제의 이론은 긍정적 개념처럼 보인다. 하지만 현실에서 교사가 적절한 개입이나 훈련 방법을 제공하지 않은 상태에서 아이가 스스로 인지 발달을 이룰 가능성은 적다. 설령 가능하다고 해도 외부에서 도와줘야 더 효과적인 경우가 더 많다. 또한 피아제가 형식적조작기에 가능하다고 주장한 과학적·추상적 사고를 하지 못하는 성인도 있는데, 이 현상이 발생하는 이유에 대한 설명이 부족하다.

셋째는 인지 발달 단계의 적절성에 대한 비판이다. 피아제가 주장한 개념 변화를 해당 연령에 보이지 못하는 아동들이 있기 때문이다.

이에 따라 많은 학자가 연령과 단계 구별의 결합에 의문을 제기한다. 아예 아동은 특정 연령에 단계별로 확확 달라지는 것이 아니라 점진적으로 인지를 발달시킨다는 연구 결과도 있고, 단계를 통해 인지 발달을 구별하는 것 자체를 비판하는 학자도 있다.

에릭슨 발달 이론

에릭 에릭슨^{Erik Homburger Erikson}은 덴마크인 어머니와 신원을 알 수 없는 아버지 사이에서 태어났다. 이후 자신과 전혀 닮지 않은 유대인 의사인 양아버지를 친아버지로 알고 독일에서 자랐다. 그는 독일인도 덴마크인도 유대인도 아닌 자신이 누구인지를 어릴 때부터 궁금해했다. 이후 그는 자신의 경험, 각종 위인과 상담 사례에 대한 연구, 프로이트 이론 등을 결합하여 인간이 태어나 죽을 때까지를 8단계로 나눈 발달 이론을 만들었다.

　　에릭슨은 긍정적 정서만이 아니라 부정적 정서도 발달에 중요한 역할을 한다고 보았다. 긍정과 부정 정서를 모두 경험하면 미덕을 얻게 되고 다음 단계로 성장할 수 있다고 주장했다. 반대로 정서를 제대로 경험하지 못하고 미덕을 얻지 못하면 이전 단계로 돌아가는 '퇴행'이나, 자신이 누구인지 혼란스러워 방황하는 '정체성 위기'에 빠질 수도 있다.

1단계인 1세까지는 양육자에게 절대적으로 의지해야 하는 단계이다. 이 단계에는 신뢰감과 불신감의 정서를 경험하고, 희망의 미덕을 얻어 발달한다. 예를 들어 먹을 것을 달라고 우는데 양육자가 와주면 신뢰감을 경험한다. 하지만 울어도 양육자가 오지 않으면 불신감을 경험한다. 두 정서를 모두 경험하는 아이는 자기가 울면 그래도 양육자가 와줄 수도 있다는 식의 '희망'을 미덕으로 얻는다.

2단계인 2~3세는 자율성과 수치심이라는 정서와 의지라는 미덕으로 발달한다. 이 시기의 유아는 걷고 뛰는 등 신체를 어느 정도 마음대로 움직일 수 있게 되어 자율성을 경험한다. 자기 손으로 밥을 먹으려 하고, 기저귀도 자기 손으로 갈아보려고 한다. 하지만 아직 능력이 완전하지 않아서 밥을 흘리고 기저귀도 제대로 못 치워 수치심을 느낀다. 그러면서 더 잘해보겠다는 의지를 다지게 된다.

3단계인 4~5세는 주도성과 죄책감이라는 정서와 목표 의식이라는 미덕을 얻는다. 이 시기에는 다른 아이와 놀 때 자기가 더 주도하고 싶어 하며 주도성을 느낀다. 그러다가 말썽을 일으켜서 죄책감을 느끼기도 한다. 그러면서 주도성을 더 발휘해야 할 때와 그렇지 말아야 할 때를 구별하고 일정한 목표를 정해 움직이게 된다.

4단계인 6~11세는 근면성과 열등감이라는 정서와 능력이라는 미덕을 얻는다. 이 시기에는 대중 교육을 받기 위해 정해진 시간에 정해진 학교에서 정해진 공부를 하며 근면성을 경험한다. 하지만 다른 학생과의 비교를 통해 열등감도 느낀다. 그러면서 열등감에서 탈출하고자 능력을 중시하며 개발하게 된다.

5단계인 12~18세는 사춘기로, 자아 정체감과 정체감 혼미라는 정서, 충성심이라는 미덕을 얻는다. 이 시기에는 2차성징 등으로 자신이 낯설어진다. 자기가 누구인지 정체감이 혼미해진다. 많이 혼란스러워하면서 가족의 영향력에서 벗어나 또래에 더 관심을 갖는다. 그 과정에서 자아 정체감을 경험하기도 한다. 그리고 자아 정체감을 느끼게 해준 또래 집단에 충성심을 갖는다.

6단계인 20~40세는 친밀감과 고립감이라는 정서와 사랑을 미덕으로 얻게 된다. 사춘기에 또래 집단에 대한 욕구가 컸다면 청년기에는 특별한 한 사람과의 친밀한 관계에 더 강렬한 욕구를 느낀다. 그러면서 연애에 성공하면 친밀감을 느끼고, 연애를 못 하거나 헤어지면 고립감을 느낀다. 그러면서 사랑의 가치를 더 잘 알게 된다.

7단계인 40~65세는 생산성과 침체성에 관한 정서, 배려의 가치를 얻게 된다. 청년기에 고생해서 얻은 지식과 기술로 생산성을 경험하기도 한다. 하지만 청년기보다 떨어지는 인지 능력과 신체 능력으로 침체성을 경험하기도 한다. 이때가 되면 세상의 복잡한 일을 혼자서 해결하지는 못한다는 것도 알게 된다.

즉, 생산성을 높이기 위해서는 타인의 도움이 필요하고, 침체성도 다른 사람의 영향력이 발휘된 결과임을 안다. 그러면서 생산성을 더 높이도록 돕거나 혹은 침체성을 만들 수도 있는 타인을 배려할 때의 가치를 알게 된다.

8단계인 65세 이상부터 사망에 이르는 노년기에는 자아 통합과 절망감이라는 정서, 지혜라는 미덕을 얻게 된다. 여태까지 살면서 긍정적인 것과 부정적인 것 모두가 자신을 만들었다고 생각하면서 자아 통합을 경험하기도 하고, '결국 이럴려고 열심히 살았나' 하면서 절망감에 빠지기도 한다. 그러면서 더 좋은 삶을 위한 지혜를 알게 된다.

에릭슨의 이론은 프로이트와 피아제와는 다르게 성인기 이후 노년까지의 발달을 구체적으로 살펴봤다는 점에서 의의가 크다. 또한 신체적·인지적 차원을 넘어서서 사회적 요소까지 발달 요소로 조명했다. 부정적 경험의 역할도 새롭게 조명한 의의도 있다. 하지만 에릭슨에 대한 비판도 만만치 않다.

첫째는 과학적 증명이 부족하다는 것이다. 에릭슨은 주로 사례 연구를 통해 단계를 나눴다. 자신의 주장을 뒷받침할 인과관계를 증명할 수 있는 실험을 한 것은 아니기에 주장을 그대로 받아들이기에는 무리가 있다.

둘째는 지나친 낙관주의가 깔려 있다는 것이다. 긍정과 부정 정서를 경험하며 인간이 성장하는 것은 이론적으로는 맞다. 하지만 사람에 따라서는 부정 정서를 경험할 때 발달하는 것이 아니라 오히려 주저앉기도 한다. 미덕을 얻지 못하고 부정 정서로부터 큰 영향을 받을 수 있다. 비판의 요지는 인간이 긍정과 부정 정서를 모두 경험하면서 미덕을 얻고 더 성장한다는 에릭슨의 주장은 낙관적인 바람일 뿐이라는 것이다.

셋째는 각 발달 단계 요소의 적절성에 대한 비판이다. 청년기의 경우 사랑이라는 미덕을 발달 요소로 삽입했지만 그것이 정말 현대에도 최적의 발달 미덕인지는 의문이다. 청년기에 사랑이 아닌 다른 가치를 위해 성장하려는 청년도 있기 때문이다. 또한 각 단계에 느끼는 정서가 정말 대표적 정서인지도 불분명하다. 청년기의 친밀감과 고립감이 대표 정서라면 왜 그렇게 정했는지에 대한 추가 연구나 증명이 부족하다.

애착 이론

attachment theory

제2차 세계대전 직후 생겨난 부랑아와 고아들이 사회적 관계에 많은 어려움을 겪자 국제연합[UN]은 정신분석가 존 볼비[John Bowlby]에게 이 문제에 관한 연구 프로젝트를 요청했다. 이 프로젝트를 바탕으로 볼비는 애착 이론의 토대를 만들었다. 그 후 메리 에인스워스[Mary Ainsworth] 등이 애착 이론을 더 발전시켰다.

애착 이론[attachment theory]에서 애착은 개인과 애착 대상[attachment figure] 간에 존재하는 애정적 유대[affectional bond, affectional tie]를 의미한다. 정상적인 경우 아기들은 자신에게 민감하고 지속적으로 잘 반응해주는 성인과 생후 6개월에서 2년 사이의 몇 달간 애착 관계를 형성한다.

특히 생후 1년간 엄마와 애착을 맺고, 2살이 되면 아빠와의 애착이 강화되어 부모 양쪽에 대한 애착이 생성된다. 애착을 잘하면 아기는 애착 대상을 하나의 안전 기지로 이용하며 주변을 탐험했다가 돌아오는 과정을 반복

한다. 이는 훗날 자신과 타인, 주변 환경에 무엇을 기대할 수 있는지를 결정하는 데 바탕이 된다. 따라서 안정적인 애착을 형성하지 못하면 자신에게 문제가 있다고 생각하거나, 다른 사람에게 버림받을까 두려워하거나 신뢰하지 못하고, 또는 자기가 노출된 환경을 부정적으로 생각한다. 그래서 심리적 문제가 생기거나, 대인관계가 나쁘거나, 두려움 때문에 도전을 거부하고 환경 탓을 하기 쉽다. 반대로 애착이 안정적이면 대인관계나 사회적 환경에 더 용기를 갖고 도전해서 더 긍정적인 결과를 얻을 수 있다.

더욱 발전한 애착 이론은 아이와 부모의 관계만이 아니라 어른 간의 인간관계에까지 확장해서 각 유형을 설명한다. 애착 유형에는 안정 애착[secure attachment], 회피 애착[avoidant attachment], 불안 양가형 애착[anxious ambivalent attachment], 불안-회피 애착[anxious-avoidant attachment] 등이 있다. 참고로 불안 양가형 애착은 줄여서 양가형 애착 혹은 불안 애착이라고도 하며, 'anxious[불안]' 대신 insecure, fearful 등의 단어를 사용하기도 한다.

첫째, 안정 애착은 걸음마를 갓 뗀 아이가 안정적으로 양육자에게 애착된 경우이다. 양육자가 곁에 있으면 자유롭게 세상을 탐색하며 낯선 사람과 잘 어울리지만,

양육자가 떠나 있으면 종종 불안해 보이며, 양육자가 돌아오는 것을 보면 기분 좋아하는 것이 특징이다. 이때 안전 기지가 될 양육자의 태도가 중요하다.

양육자가 아이의 요구에 민감하게 반응하면 아이는 자기의 욕구를 표현하면 충족할 수 있다는 믿음이 생기고, 의사소통에 대한 자신감도 생긴다. 다른 사람과의 관계에서도 자신감과 믿음이 바탕이 되어준다. 따라서 안정 애착은 적응에 가장 유리한 애착 유형이다.

안정 애착 유형의 성인은 새로운 관계를 맺을 때 두려움이 없다. 친밀감을 바탕으로 상대에게 접근하면서도 집착하지 않는다. 혹시라도 상대가 거절하면 그럴 만한 이유가 있다고 생각할 정도의 신뢰가 있기에 인간관계가 좋다. 현재 누군가와 연애하지 않더라도 계속 혼자로 남거나 버림받을지 모른다는 두려움이 적어 언제라도 다시 연애를 시작할 수 있다.

둘째, 회피 애착 유형의 아이는 자신이 다가갔을 때 무심한 양육자가 귀찮아하는 반응을 많이 겪어서 안전 기지로서의 양육자에 대한 믿음이 부족하다. 이 유형의 양육자는 아이가 슬픈 감정을 표현해도 안아주거나 다정하게 대하지 않고, 신체 접촉을 불편해한다. 그래서 아이는 양육자가 자신을 원하지 않는다고 생각하며 분노하기도 한다. 이런 아이는 성인이 되어서도 차분하다가 갑자기 화를 내기도 한다.

최근 연구에 따르면 지나친 보호와 간섭을 하는 부모도 회피 애착 유형을 만들 수 있다. 이러한 부모와 사는 아이는 부모를 안전 기지가 아니라 안전을 깨뜨리는 위험 대상으로 본다. 그래서 자신을 심리적으로 지배하고 학대하는 존재인 부모로부터 멀어지려고 노력한다. 부모만이 아니라 타인도 위험한 대상으로 보고, 성인이 되어서도 타인과 어떻게든 멀어지려 하는 회피 유형에 가까운 모습을 보인다.

적극적으로 남을 멀리하기도 하지만, 누군가가 자신에게 다가오면 그 사람에게 의존하는 것에 어려움을 느낀다. 사실은 타인을 믿지 않아 회피하는 것이지만, 흔히 자신의 자유와 독립을 선호해서 그런 것이라고 여긴다. 즉, 누군가와 지나치게 가까워지는 것을 불편해한다. 그래서 어느 정도 친밀해지면 갑자기 관계를 회피하는 바람둥이가 될 수도 있다.

어릴 적에 자신의 감정을 드러내도 원하는 반응을 얻지 못했기에, 성인이 되어서도 감정을 드러내거나 자신의 이야기를 잘하지 않는다. 감정을 표현하라고 하면 힘들어하며, 다른 사람이 감정을 드러내며 관심을 가져달라고 요구해도 힘들어한다.

셋째, 불안 양가형 애착 유형은 양육 태도가 일관적이지 않은 양육자에 의해 만들어진다. 어떤 날은 아이의 요구에 지나칠 정도로 민감하게 반응하다가 어떤 때는 다른 일에 정신이 팔려 아무 반응도 보이지 않거나 엉뚱하게 반응하면 아이는 불안해한다. 일반적으로 첫째 아이를 따뜻하게 보살피던 양육자가 둘째가 태어나거나 혹은 부부관계에 기복이 생기면서 갑자기 관심이 줄었다가 다시 따뜻해졌다 하면 아이는 불안해한다. 그래서 아이는 불안함을 해결하려고 상대방에게 집착하는 경향이 있다.

이런 아이는 성인이 되어서도 불안해서 가급적 빠르게 우정과 사랑에 빠지려고 한다. 또한 자신과 같이 강력한 애착을 요구하기 때문에 상대방은 겁을 먹는다. 본인은 그러다가 상대방이 훌쩍 떠날까 불안해한다. 혹시라도 마음이 멀어진다 싶으면 집요하게 연락을 취하거나, 자신이 원하는 반응이 나오지 않으면 화를 내서 실제로도 관계가 멀어진다. 사소한 문제도 관계 전체에 중요한 사안처럼 생각하기도 한다. 불안해서 "날 사랑해?"라며 묻는 식으로 상대방의 마음을 자주 확인하기도 한다.

아이였을 때 자신이 못나서 양육자가 관심을 기울이지 않았다고 생각한 것처럼, 성인이 되어서도 자신이 가치가 없어서 관계가 깨졌다고 생각한다. 그래서 이별의 상처가 깊다.

최근 연구에 따르면 유아기에 학대당한 경험이 있으면 불안 양가형 애착 성향이 강해진다. 또한 나중에 성인이 되어도 친밀한 관계를 유지하는 데 어려움을 겪을 가능성이 높다. 타인을 두려워하고, 가까이 가면 분노 혹은 수동적 공격성을 보여 상대와 자신 모두 스트레스를 받기 때문이다.

넷째, 불안-회피 애착 유형에서 영아는 양육자가 떠나거나 돌아오는 것에 대해 감정을 거의 보이지 않는다. 무시하거나 노골적으로 시선을 회피하거거나 다른 곳으로 가버린다. 안아주려고 해도 발버둥 치고 가끔 살짝 바라보는 정도다. 이런 영아는 양육자나 타인이 곁에 있든 말든 탐색 활동을 거의 하지 않는다. 이 유형은 영아가 애착 행동을 했는데 양육자가 거부한 경험이 있으면 생긴다. 자신이 의사소통을 분명히 해도 상대방이 받아들여 주지 않는다는 믿음이 생겨서 인간관계를 회피한다. 그러면서도 친밀한 관계를 만들고 싶어서 상대방에게 다가가려고 한다. 일단 결심하면 갑자기 집착에 가까울 정도로 매달린다. 하지만 자신의 부족함 때문에 관계가 깨질 수 있다는 두려움이 있어 차갑게 반응한다.

상대방을 밀고 당기면서 적극적으로 통제하려는 것처럼 보이지만, 사실은 관계에 수동적이다. 불안과 회피를 오가는 것을 상대방이 포용하지 않는 한 관계는 오래갈 수 없다.

애착 이론에 대한 비판점은 다음과 같다.

첫째, 민감기에 대한 비판이다. 볼비는 애착이 형성되는 생후 6개월에서 2년 사이의 민감기sensitive period가 큰 영향을 준다고 봤다. 하지만 이후 연구 결과 볼비의 주장보다는 민감기가 더 길고, 그 시기의 애착 효과가 그만큼 고정적이지도 않고 되돌릴 수 없는 것도 아니라는 점이 밝혀졌다.

둘째, 생애 초기 애착 효과의 범위에 대한 비판이다. 즉, 생애 초기 관계뿐 아니라 살아가면서 쌓은 관계를 통해서도 사회성이 발달할 수 있다. 영화 〈굿 윌 헌팅〉의 주인공에게서 볼 수 있듯이 부모와의 애착이 안되어도 좋은 스승이나 친구와의 애착으로 사회성 발달을 이룰 수 있다. 하버드대학교 성인발달연구소 소장이었던 조지 베일런트^{George Vaillant} 교수의 연구에 따르면 삶을 결정하는 것은 생애 초기의 가정환경이나 성격이 아니라 성인 전기와 중기의 습관이다.

셋째, 생애 초기의 양육자에게 지나친 책임감을 부여하는 데 대한 비판이다. 애착 이론에 따르면 생애 초기 양육자의 역할이 아주 중요하다. 하지만 그 영향력을 과도하게 강조해서 영유아 용품과 교육, 서비스 등을 팔기 위해 생애 초기 양육자의 역할을 강조하는 쪽으로 애착 이론이 악용된다는 비판이 제기되었다. 물론 양육자의 역할이 중요하지만, 대인관계의 다른 요소를 무시하게 하거나, 양육자에게 평생의 상처를 남길 수 있는 부담감을 주는 문제점도 있다.

가정의 범위를 넘어선 사회적 변수를 통해서도 인간의 사회성 발달과 인간관계가 달라질 수 있다. 예를 들어 사회가 피라미드 계급 구조에 배금주의까지 팽배해서 경쟁과 차별을 오히려 권장한다면 생애 초기부터 안정적 애착 유형이던 행복한 아이도 청소년기와 청년기에 대인관계를 잘 유지하기가 힘들다.

성인기 발달 과제

조지 베일런트는 하버드대학교 정신의학과 교수이자 성인발달연구소 소장으로 약 70년간 쌓인 하버드대학교 졸업생 관련 자료를 추적해서 성인 발달을 연구했다. 그 결과 행복하고 성공적인 삶을 위해서는 성인기에 크게 여섯 가지의 발달 과제가 있음을 밝혔다.

첫째는 정체성 확립이다. 부모로부터 독립적인 견해, 취향 등을 추구해서 성인기에 정체성을 확립해야 한다.

둘째는 친밀한 대인관계이다. 대인관계가 좋은 사람은 청년기를 행복하게 보낼 뿐만 아니라 중년기의 큰 위기를 경험하지 않고, 행복한 노년기를 보낸다. 80대 등 50대 이후를 맞이한 사람의 삶을 결정하는 가장 중요한 변수는 47세 무렵까지 만들어놓은 인간관계다.

셋째는 경력을 공고히 하여 이룬 직업적 안정이다. 인간은 직업을 통해서 경제적 토대를 얻지만 사회적 정체성도 발현한다.

넷째는 생산성이다. 다른 사람에게 공헌할 수 있는 성과를 남기는 것이다.

다섯째는 의미 추구이다. 인류의 유산과 가치 있는 문화, 제도, 성과물들을 보호해야 한다. 이 과정에서 삶의 목표를 다시 설정하고 의미를 새롭게 만들 수 있다.

여섯째는 통합이다. 에릭슨이 노년기와 관련하여 강조한 것처럼 자아 통합과 함께 삶과 죽음 모두를 겸허히 수용하는 통합의 자세를 지닌다.

성인 전기인 청년기에는 처음 세 가지 과제인 정체성 확립, 친밀한 대인관계, 직업적 안정이 특히 중요하다. 성인 후기인 중년과 노년기에는 생산성, 의미 추구, 통합이 중요하다. 이것은 에릭슨의 전 생애에 걸친 발달 이론과도 일치한다.

베일런트에 따르면 성공적인 성인기를 보낸 사람은 높은 수준의 교육, 안정적인 결혼생활, 금연과 금주, 적당한 운동 습관, 친밀한 사람들의 죽음에 대처하는 성숙한 태도가 있다.

또한 어릴 적 정서적 문제와 불우한 시절을 보내고 미성숙한 청소년이었더라도 앞서 제시한 성인으로서의 발달 과제를 수행하면서 행복하고 성공적으로 살았다.

프로이트 이론과 애착 이론이 생애 초기 경험의 영향력을 강조한 것과는 상반되는 결과다.

인생 주기론

life cycle theory

심리학자 대니얼 레빈슨^{Daniel J. Levinson}은 남성의 생애 주기를 사계절로 비유했다. 나중에는 여성에 대한 연구를 추가해서 남성과 여성 모두 비슷한 패턴을 보인다는 것을 밝혀냈다.

레빈슨은 인생 주기론^{life cycle theory}에 따라 전 생애 발달을 약 20년 단위로 구분했고, 1년에 사계절이 변하는 것처럼 아동청소년기^(봄), 성인 전기^(여름), 성인 중기^(가을), 성인 후기^(겨울) 네 가지 시기로 나뉜다고 봤다.

구체적으로 아동청소년기는 16세 이전, 이후의 성인 전기는 17~39세, 성인 중기는 40~59세, 성인 후기는 60세 이후로 보았다. 또한 각 시기가 시작한 시점으로부터 5년 동안의 전환기가 있다고 주장했다.

레빈슨에 따르면 약 17~22세는 성인 전기 전환기, 28~33세는 30대 전환기, 40~45세는 성인 중기 전환기, 50~55세는 50대 전환기, 60~65세는 성인 후기 전환기다. 이 전환기는 기존 삶의 구조를 재평가하고 더 나은 요소를 발견해 새로운 삶을 사는 기회가 될 수 있다. 즉, 각 개인은 가능성을 탐색하고 대안을 실행해야 한다. 그렇지 못하면 어떻게 살아야 할지 몰라서 혼란과 위기를 겪을 수도 있다.

결국 레빈슨 이론에 따르면 인간의 발달 과제는 삶의 구조 재평가와 가능성 탐색, 대안 실행이다.

신흥 성인기

emerging adulthood

초기 심리학의 발달 이론이 형성될 때만 해도 청소년기를 지나면 심리적, 경제적으로 독립하는 경우가 많았다. 또한 20대에 결혼하는 경우도 많았다.

하지만 최근 많은 국가에서 의무교육을 시행하고, 취업 준비에 시간이 많이 걸리면서 심리적으로 독립하지 못하거나 결혼하지 않는 성인이 많아졌다. 그래서 생물학적으로는 청소년기를 지났지만 여전히 부모의 도움을 받아야 하고 사회적으로도 독립하지 못한 사람들을 지칭할 새로운 개념이 필요해졌다. 이에 만들어진 용어가 신흥 성인기emerging adulthood이다.

신흥 성인기는 본격적인 성인기로 진입하는 전환점을 연장하는 현실을 반영한다. 전통적으로 독립심을 강조했던 미국에서도 신흥 성인기를 인식하여, 동거하는 자녀들이 26세가 될 때까지 부모의 건강보험에 포함될 수 있도록 허용하고 있다.

노화

aging

미국정신의학회는 노화^{aging}를 출생 후 사망에 이르는 전 과정에서 일어나는 신체와 정신의 구조적 변화로 정의한다. 즉, 연령이 증가할수록 신체 능력과 정신 능력이 퇴화하는 현상이 노화이다.

이러한 학문적 정의 외에 일반적으로는 출생 후 청년기까지를 성장으로, 중년 이후의 피부와 신체 기능 저하 같은 변화를 노화로 받아들인다.

최근 연구에 따르면 노화가 급속도로 진행되는 시기는 34세, 60세, 78세이다. 이 시기에 좋은 운동 습관을 익히고 적절한 인지 능력 개발, 정서 관리를 하면 노화를 늦출 수 있다. 심리학에서는 의학처럼 세포분열을 억제하여 노화를 막으려 하기보다는 오히려 성공적인 노화를 더 중시하며 연구하고 있다.

나이가 들면 대부분 새로운 도전을 꺼리며 폐쇄적, 보수적이 되고 무기력해지거나 우울해진다. 이러한 부정적 심리에 빠지는 노화는 성공적 노화라고 볼 수 없다.

성공적 노화에는 세 가지 조건이 필요하다. 첫째, 신체적 장애와 질병, 결손으로부터 자유로워야 한다. 둘째, 치매에 걸리지 않을 뿐만 아니라 편협한 사고에 빠지지 않고 인지적으로 정상 기능을 해야 한다. 셋째, 사회에 적극적으로 관여하며 인생의 목적의식을 갖고 의미 있는 삶을 추구해야 한다.

세 조건 중 나이가 들면서 신체적 질병이 없기는 힘드니, 질병이 있어도 인지적으로나 사회적으로 활동하면서 잘 늙는 방법이 필요하다.

대표적으로 자신이 잘할 수 있다는 믿음인 자기 효능감self-efficacy을 갖는 것이 중요하다. 복잡한 인지 과제도 잘 해결할 수 있다고 믿고 도전해야 실제로 문제 해결 능력을 잃지 않을 수 있다.

또한 회복성resilience을 적극적으로 발휘하는 것도 중요하다. 인생을 살면서, 특히 노년이 되어 주변 사람의 죽음이나 자신이 점점 쇠약해지는 증거 등을 경험하면 큰 충격으로 다가오기 쉽다. 하지만 그 속에서도 자신이 느끼고 배울 수 있는 요소를 찾아내 회복하는 능력을 발휘하려고 해야 스트레스를 감소시키고 잘 적응할 수 있다.

행동유전학
behavior genetics

행동유전학^{behavior genetics}은 인간의 성장과 발달, 특정 행동에 유전과 환경이 미치는 영향력을 연구하는 분야이다. 예를 들어 유명 배우 부부의 자녀가 배우로 성공했다면 그 원인이 유전의 영향 때문인지, 연기에 관해 자극받고 실행할 수 있는 자원이 풍부한 환경의 영향 때문인지를 살펴본다.

행동유전학은 생물학적으로 DNA가 비슷해도 심리 상태와 행동이 상당히 다르고, DNA가 달라도 심리 상태와 행동이 비슷하다는 점에 주목한다. 주로 유전의 영향력을 살펴볼 수 있는 쌍둥이와, 환경의 영향을 살펴볼 수 있는 입양아를 비교 연구하면서 특정 심리와 행동의 결정 요인을 찾는다.

특히 어릴 때 헤어진 쌍둥이, 즉 유전적으로 거의 똑같지만 환경적으로는 다른 분리 성장 쌍둥이 연구에서 주목할 만한 결과들이 나오고 있다. 분리 성장 쌍둥이는 성격이나 취미, 어투, 인간관계 스타일 등이 상당히 유사하다. 이렇게 보면 유전의 영향이 절대적인 것처럼 보인다. 하지만 입양 기관이 환경이 비슷한 가정을 찾아 입양 보내기 때문에 순전히 유전의 영향이 크다고 해석하기는 힘들다는 비판도 있다.

또한 다른 점보다는 비슷한 점에 집중하여 데이터를 찾은 결과에 불과하다는 문제가 제기되기도 한다. 유전적으로 무관한 사람들끼리 짝지은 경우에도 공통점만 찾으면 비슷한 부분을 많이 찾을 수 있기 때문이다. 여러 사람이 함께하는 술자리 게임에서 "~한 사람 손가락 접어"라고 하면 공통적인 사항을 지닌 사람을 꽤 발견할 수 있다.

현재는 유전과 환경 중 어느 하나만 심리와 행동에 영향을 미친다는 식으로 결론짓기 위해 진행하는 연구는 없다. 그보다는 유전과 환경이 모두 영향을 미치지만 어떻게 상호작용해서 차이를 만들어내는지를 많이 연구하고 있다.

콜버그의 도덕 발달 이론

Kohlberg's theory of moral reasoning

미국의 심리학자 로런스 콜버그Laurence Kohlberg는 도덕 판단이 인지 발달에 바탕을 둔다는 장 피아제의 이론에 영감을 받아 도덕 발달 이론Kohlberg's theory of moral reasoning을 주장했다.

콜버그에 따르면 도덕성은 크게 세 가지 수준, 여섯 가지 단계로 발달한다. 세 가지 수준은 전관습적 수준, 관습적 수준, 후관습적 수준으로 나뉜다. 각 수준에는 두 단계의 발달 단계가 있다.

첫 번째 수준인 전관습적 수준pre-conventional level의 초점은 처벌을 피하거나 보상을 얻는 규칙을 따르는 것이다. 1단계인 벌과 복종의 단계에서는 복종과 처벌이 판단 기준이 된다. 콜버그에 따르면 이 단계에는 자연스러운 선한 본성이나 올바른 일에 대한 가치관 때문이 아니라 처벌을 피하기 위해 일부러 도덕적인 행위를 한다. 예를 들어 물건을 훔치면 경찰에게 잡혀가거나 물건 주인에게 혼난다는 것이 판단 기준이 된다. 하지만 콜버그 비판론자들은 유치원에 들어가기 전 아이들도 처벌을 알지 못해도 도덕적으로 행동한다고 문제를 제기한다. 2단계는 자기 이익 교환의 단계이다. 이 단계에는 자기의 행동으로 자기의 욕구를 충족할 보상을 받을 수 있는지가 도덕적 판단의 기준이 된다. 즉, 도덕적 행동과 보상을 통한 욕구 충족의 교환에 관심을 갖는다. 콜버그 비판론자들은 보상이 주어진다는 사실을 알지 못해도 다른 사람을 도와주거나 친절하게 대하는 아이들이 있다고 문제를 제기한다.

두 번째 수준은 관습적 수준conventional level이다. 이 수준의 초점은 사회적 인정을 얻기 위해 법과 규칙을 따르는 것이다. 3단계인 개인 간 상응과 동조 단계에서는 대인관계를 좋게 유지하고, 타인의 기대에 맞게 행동하는 것이 도덕적 판단의 기준이 된다. 4단계인 권위와 사회질서 복종 단계에는 사회질서를 유지하면서 자신의 의무를 다하는 것이 옳은 행동이자 도덕적 판단의 기준이 된다. 예를 들어 사랑하는 가족이 굶고 있다면 상점에서 음식을 슬쩍해서라도 가족을 먹이는 것이 가족이 원하는 도덕적 가장의 모습에 가깝다고 생각한다.

세 번째 수준인 후관습적 수준post-conventional level의 초점은 자신의 행위가 기본 권리와 자신이 규정한 도덕 원리를 얼마나 반영하느냐다. 5단계인 사회계약 단계에서는 법이 무조건 옳은 것이 아니라 사회적 유용성에 따라 합의에 이르면 바뀔 수도 있다고 생각한다. 6단계인 보편 윤리적 원리의 단계에서는 도덕적 원리에 따라 스스로 선택한 양심적 행위가 올바른 행위라고 본다. 예를 들어 사람은 누구나 생명을 유지하고 행복을 추구할 권리가 있다고 생각해서, 굶주림에 시달려서는 안 된다고 여긴다.

도덕 직관
moral intuition

미국 심리학자 조너선 하이트^{Jonathan Haidt}에 따르면 인간 도덕성의 대부분은 보편적인 이성적 가치나 논리적 추론에 바탕하지 않는다. 만약 그렇다면 세계의 각 지역마다 사회적으로 인정하는 도덕이 다르지는 않을 것이기 때문이다.

대신 하이트는 도덕의 바탕으로 도덕 직관^{moral intuition}이라는 개념을 주장했다. 도덕 직관은 인간이 이성이 아니라 감정이 내포된 직관에 바탕하여 주먹구구식으로 판단하는 현상을 말한다. 그러면서 논리와 가치가 바탕에 있는 것처럼 착각하거나, 순간적으로 사라지는 직관과 감정을 대신해서 이성이 그렇게 도덕적 선택을 한 이유에 관해 자신과 남을 그럴듯하게 설득하려 하는 것뿐이라고 하이트는 주장했다. 신경과학자들의 연구 결과에서도, 인간이 도덕적 판단을 할 때 정서 담당 영역이 활성화한다는 사실이 드러나 하이트의 주장을 지지하고 있다.

다양한 문화권을 연구한 하이트는 사람들이 자신의 특정 도덕적 선택을 지지하는 논리의 허점이 드러난 상태에서도 선택을 바꾸지 않고 더 감정적으로 대응하는 현상을 밝혔다. 그리고 다양한 연구 결과를 저서《바른 마음The Righteous Mind》에 종합하여 정리했다.

대상 관계 이론

object relations theory

대상 관계 이론^{object relations theory}은 프로이트의 정신분석을
바탕으로 형성되었다. 자기 자신 이외의 존재를 가리키
는 '대상'은 세상의 사물을 뜻하기도 하지만 주로 인간을
지칭한다.

　　대상 관계 이론은 인간 중에서 양육자를 많이 다루
고, 특히 프로이트 정신분석의 영향을 받았기 때문에 양
육자 중에서도 어머니를 더 많이 다룬다. 정리하면, 대상
관계 이론은 주로 어머니와 자식이 맺는 관계에 관심을
갖는다. 그 결과 대개 출생 직후부터 3세까지의 아이와
어머니의 관계를 연구한다.

　　대상 관계 이론에 따르면 정신적 문제의 핵심은 대
상과의 관계다. 피상담자와 어머니의 실제적 관계도 중
요하지만, 피상담자의 마음속에 있는 어머니와의 관계가
더 중요하다. 예를 들어 실제로는 배고플 때 어머니가 먹
을 것을 주고, 기저귀를 재빨리 갈아주고, 수시로 토닥거

려줬지만, 마음속 어머니의 이미지는 자신이 실수했을 때 가혹하게 혼내고, 어떤 행동을 했을 때 냉담하게 바라본 존재로 각인되어 있다면 마음속 이미지에 더 집중한다.

분리 개별화

separation-individuation

분리는 인간이 스스로를 독립된 존재로 인식하는 것을 뜻하고, 개별화는 인간이 정체성 형성과 심리적 독립을 위해 다양한 인지적 능력을 발달시키는 과정을 뜻한다.

인간은 출생 후 일정한 단계를 거치며 분리 개별화 separation-individuation에 도달한다. 참고로 다음에 예시로 든 출생 이후의 단계별 해당 개월 수는 평균 시기를 정량화한 것이며, 연구자의 주장이나 개인의 발달 상황에 따라 다를 수 있다.

첫 번째 단계는 정상적 자폐 단계 normal autistic phase이다. 출생 후 몇 주간 지속되는 이 단계의 '자폐'는 자폐 스펙트럼 장애와 상관없는 단어이다. 그래서 오해를 막고자 '깨어나는 awakening'이라고 표현하기도 한다. 신생아는 외부 자극에 반응하려 각성하기보다는 자기만의 폐쇄된 공간에서 잠자는 것처럼 몇 주를 보내는 것이 발달에 중요하기 때문에 자폐라는 이름이 붙었다. 양육자와 상호작용하고 돌봄을 받으며 점점 환경과 접촉하고 감각이 늘어나면 다음 단계에 진입한다.

두 번째는 공생 단계symbiotic phase이다. 생후 2개월부터 인간은 욕구 충족 대상을 희미하게 인식하면서 공생 단계를 시작한다. 이때는 뜬금없이 미소 짓기도 하는 것처럼 자신의 신체와 자기가 인식하는 대상을 통해 욕구를 충족한다. 유쾌함과 불쾌함을 두루 경험하면서 신체 자아body ego 표상도 생긴다.

예를 들어 기저귀가 불쾌하고 불편해 울 때 양육자가 곧바로 갈아주며 처리해주다 보면 자신의 욕구와 양육자의 욕구가 다르지 않다고 여긴다. 유아 자신이 해야할 행동을 양육자가 해주니 둘의 행동의 차이도 잘 구별하지 못한다. 초기의 두 단계인 정상적 자폐 단계와 공생 단계에는 유아가 아직 분화를 시작하지 않는다.

세 번째는 분화differentiation 단계이다. 생후 4~5개월경 분화가 시작된다. 이 시기에 아이는 양육자에게 특별한 미소를 짓는데, 이것은 둘 사이에 특별한 유대가 확립되었다는 증거이다. 즉, 다른 외부 대상에 대한 불특정한 미소가 아니라 양육자에 대한 미소를 통해 반응에 대한 분화가 일어났음을 확인할 수 있다. 이 시기 아이는 깨어 있는 시간이 늘어나고, 양육자의 얼굴을 눈으로 보며 손으로 만지고 촉감으로 느끼면서 탐구하는 행동이 많아진다. 생후 7~8개월부터 양육자를 되돌아보고 점검하는 행동을 보이는 한편, 낯선 사람에 대해서는 불안을 표시하는 식으로 차별화한다.

네 번째 단계는 연습기practicing subphase이다. 생후 10개월경부터 걸을 수 있고, 신체를 자유롭게 움직이는 능력이 커지면서 신체와 인지가 급성장한다. 그래서 새로운 대상에 대해서 특정 기능을 해내려는 시도를 많이 한다. 이 시기의 유아는 자신의 능력과 자기 세계의 위대함에 도취되는 듯하며, 세상의 중심이 자기이고 자신이 특별하다는 믿음이 생긴다.

다섯 번째는 재접근 단계rapproachment subphase이다. 생후 15개월경부터는 아이와 양육자의 관계가 크게 변한다. 그전에는 아이에게 양육자는 일종의 심리적 안전 기지이자 재충전의 기회를 누릴 수 있는 대상이었지만, 재접근 단계에서는 계속 확장되는 세상에 대한 발견을 나누고 싶은 존재로 변한다. 그런데 발견의 기쁨을 나누면서 양육자가 자기와 똑같이 경험하지는 않는다는 사실도 깨닫게 된다. 즉, 양육자와 자신이 분리되어 있음을 의식한다.

전지전능한 자신에 대한 연습기의 믿음, 세상의 중심인 자기와 양육자의 마음이 같을 것이라는 믿음이 도전받는 다. 그래서 이 단계의 초기에 과잉 반응하거나 안절부절 못하기도 한다.

18개월이 되면 양가감정을 느낀다. 양육자와 분리된 자신의 힘으로 위대하고 전능한 존재가 되고 싶은 욕구와, 양육자에게 의지하며 자신의 욕망을 대신 실현해주기를 바라는 두 가지 욕구 사이에서 갈등하며 자신감과 무력감 등을 느낀다.

21개월이 넘으면 이 심리적 위기가 감소하고, 양육자와 자신을 분리해서 잘 지낼 수 있는 심리적 거리를 발견한다. 언어와 인지 발달 덕분에 자기 능력에 대한 자신감이 커지고 외부 규범을 내재화하며, 성 정체감이 생기면서 개별화가 진행된다.

여섯 번째는 개별성의 응고화consolidation of individuality 단계이다. 이 시기에 잘 성장한 아이는 양육자에게 좋은 면과 나쁜 면 모두가 있다고 통합적으로 생각한다. 전체가 아닌 부분 부분으로 나누어 볼 만큼 성장했기 때문이다. 그리고 양육자와 자신을 독립된 개체, 즉 개별성을 갖춘 존재로 인식한다. 환상 놀이, 역할 놀이, 가상 놀이 등 더 복잡하고 특정 목적에 맞는 행동이 필요한 놀이를 시작한다. 다양한 정체성을 시험하기도 하면서 양육자와 자신이 확실히 개별적인 존재라는 인식이 더 굳어진다.

4장

지각

감각

sensation

감각[sensation]은 주위 환경의 물리적·화학적 자극을 눈, 코, 혀, 귀, 피부 등의 감각기관을 통해 신경 부호로 변환하여 알아차리는 과정이다.

자극을 수용하고 감각하지 못하는 것은 무감각[anesthesia] 이다. 감각 저하[hypesthesia]는 감수성이 정상 이하로 감소된 것이다. 환각[hallucination]은 외부의 자극이 없는데도 그런 것처럼 느끼는 현상이다. 귀, 눈, 피부, 혀, 코 등 감각기관을 통해 각각 환청, 환시, 환촉, 환미, 환후를 경험할 수 있다.

심리학에서 다루는 감각은 의학 분야에서 관심을 두는 감각기관 자체와는 차이가 있다. 심리학은 인지주의의 영향으로 마음을 하나의 정보처리 시스템으로 보기 때문에 감각을 거친 외부 자극이 지각, 주의 등의 상위 인지로 어떻게 전달되는지에 더 관심을 둔다. 따라서 각 감각기관의 특성과 처리할 수 있는 자극의 범위, 신경 부호 변환 과정 등을 더 비중 있게 연구한다.

지각

perception

감각이 외부 자극을 알아차리는 최초의 정보 입력 과정이라면, 지각^{perception}은 자극에 의해 발생한 감각을 의미화하고 체계화하는 과정이다.

만약 길에서 '저기 회색인 뭔가가 있다'고 봤다면 그것은 감각이다. '저기 회색 가로등이 있다'라고 의미화하면 지각이다.

인간이 외부 자극을 지각하기 위해서는 일단 감각 단계에 작동하는 감각 수용기, 감각신경 등이 정상적이어야 하지만, 해당 자극이 무엇인지 해석하는 데 도움이 되는 기억과 주의력도 정상적으로 작동해야 한다. 예를 들어 길 건너 가로등 옆에 지인이 서서 여러분에게 손을 흔들더라도, 주의를 기울이지 않으면 그 옆의 가로등은 지각해도 손 흔드는 사람은 지각하지 못할 수 있다. 즉, 감각기관인 눈으로 뭔가를 본다고 해서 모두 지각되는 것은 아니다.

지각은 다른 감각과 비교하거나, 과거 경험을 통해 의미를 부여하는 등의 한 단계 심화된 인지 처리 과정이다. 그러나 이후 정보처리 결과로 나올 기억, 학습, 판단 같은 상위 인지 처리보다는 단계가 낮다. 그래서 지각을 하위 인지 처리 과정이라고 분류한다.

착각

illusion

착각illusion 중에는 시각적 요인이 많아서 '착시'라고 번역하기도 한다. 하지만 시각적 착각에 대한 정확한 용어는 착시optical illusion로, 착각과는 구체적으로 다르다.

착각은 감각의 문제인 환각과 달리 자극이 있을 때 정보를 실제와 다르게 처리하여 지각하는 것이다. 예컨대 파티에서 참가자들이 이야기하고 있는데 자기 이름을 부르는 소리를 들었다고 생각하면 착각이다. 참가자들이 아무 이야기도 하지 않는데 열심히 이야기하는 것처럼 들린다면 환각이다.

착각 상관Illusory correlation은 실제로는 아무 관련 없는 두 대상의 관련성을 과장되게 지각하는 것이다. 지인들 중 키가 큰 사람들의 지능이 높은 것을 경험적으로 확인하고 지능과 키에 강한 관련이 있다고 생각하며, 어느 키 큰 사람이 특정 행동을 하는 것을 보면 지능이 높아서 그렇다고 의미를 부여하며 지각하는 것도 착각 상관이다.

착시

optical illusion

착시^{optical illusion}는 사물이나 상황을 있는 그대로 보지 못하는 시각적 착각이다.

착시는 크게 세 가지로 나뉜다.

첫째인 시각적 착시는 사물의 형상을 받아들이면서 착각하는 현상이다. 산에 올라가다가 본 바위를 커다란 거북이의 등이라고 신기하게 여기는 것 등이다.

둘째인 물리적 착시는 명암, 기울기, 색상, 움직임 등 특정 자극을 과도하게 처리하면서 발생하는 현상이다. 수술복을 청록색으로 만든 이유도 물리적 착시를 막기 위해서이다. 의사와 간호사가 하얀 가운을 입고 피가 많이 날 수 있는 수술을 하면 빨간색의 보색인 청록색 잔상이 떠올라 중요한 작업에서 시야를 방해할 수 있기 때문이다.

셋째인 인지적 착시는 눈으로 받아들인 자극을 뇌가 자동적으로 기존의 세상 경험을 바탕으로 추론하여 받아들이는 현상이다. 예를 들어 천장에 비가 새서 생긴 얼룩을 특정 종교를 상징하는 인물의 형상으로 착각하는 것처럼 말이다.

인지적 착시 중에는 아래의 뮐러-라이어 착시가 가장 유명하다. 선분의 물리적 길이는 같지만 주변 정보인 화살표 가지의 방향에 따라 자동적으로 정보처리가 달라지므로 마음이 느끼는 길이도 달라진다.

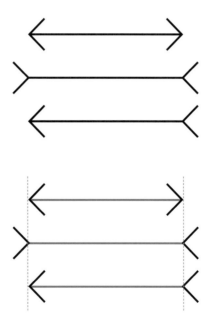

하향 처리

top-down processing

개념 주도^{concept-driven} 처리라고도 하는 하향 처리^{top-down} ^{processing}는 상위 개념에서 출발해서 자극 정보의 의미를 해석하는 지각 처리 방식이다.

여기에는 개인의 경험, 지식, 기대, 기억, 동기, 맥락 등 다양한 요소가 작용한다. 예를 들어 실세계에서 벽의 모서리를 경험하며 거리와 길이에 대한 개념이 생긴 사람은 뮐러–라이어 착시의 선분을 보면 자동적으로 그 개념에서 출발하여 선분의 길이를 지각한다.

아래의 애매모호한 가운데 글자 자극도 상위 개념인 맥락에 따라 다르게 지각된다.

THE CAT

참고로 사람이 많은 곳에서도 자기 이름을 부르는 소리를 뚜렷이 들을 수 있는 이유는 해당 자극에 대한 하향 처리의 비중이 높기 때문이다. 자기 이름을 선택적으로 더 잘 지각할 수 있는 현상을 '칵테일 파티 현상'이라고도 한다. 자기 이름은 애초부터 다른 물리적 자극보다 의미가 커서 잘 지각된다.

상향 처리
bottom-up processing

자료 주도 data-driven 처리라고도 하는 상향 처리 bottom-up processing 는 물리적 속성의 단서가 가장 낮은 수준에서 높은 수준 으로 이동하는 처리 단계다.

감각 정보가 수용기 세포를 통해 입력되고 뇌로 전 달되어 해석되는 과정과 같다.

인간의 지각은 전적으로 상향 처리나 하향 처리하는 양극단이 아니라, 각각의 자극과 상황에 따라 비중이 달 라진다. 예를 들어 빨간 장미들 가운데의 흰 장미처럼 물 리적 속성이 현저하다면 상향 처리가 더 잘 일어날 확률 이 높다. 그런데 빨간 장미가 가득해도 그중에 자신이 심 은 특별한 빨간 장미가 있다면 하향 처리가 더 잘 일어날 확률이 높다.

선택적 주의

selective attention

인간은 인지적 용량과 능력이 제한되어 있기 때문에 외부에서 들어오는 모든 정보를 한꺼번에 처리할 수 없다. 예컨대 우리의 눈은 망막 중심부에 맺히는 상을 가장 또렷하게 보고, 주변부로 갈수록 흐릿하게 받아들인다. 즉, 감각에서 더 잘 처리할 정보와 그렇지 않은 정보가 다르다.

또한 뇌는 많은 에너지를 활용하여 정보를 처리하는데, 이미 다른 정보를 처리하는 데 에너지를 쓰고 있다면 새로 들어온 자극을 제대로 처리할 수 없다. 그래서 뇌는 특정 정보에만 인지 자원을 집중하도록 진화했다. 이렇게 선택적으로 집중해서 정보를 처리하는 것을 선택적 주의 selective attention 라고 한다.

선택적 주의를 가장 잘 보여주는 심리학 실험은 바로 '보이지 않는 고릴라 실험'이다. 실험자는 참가자들에게 흰옷을 입은 사람들이 서로 농구공을 패스하는 횟수를 세라고 했다. 아주 간단한 과제이다. 하지만 그 과정에서 고릴라 인형 옷을 입은 사람이 참가자들 사이를 지나 갔는데도 많은 사람이 알아보지 못했다. 선택적 주의 때 문이다.

이런 결과가 나온 이유는 사람들의 하향 처리 비중 이 더 높았기 때문이다. 즉, 패스하는 사람이나 농구공 등 의 자극이 지닌 특수성 등에 이끌려 상향적으로 주의가 집중된 것이 아니라, '농구공을 패스하는 횟수를 세라'라 는 지시를 상위 개념으로 중심에 두고 인지 자원을 집중 시켜 하향 처리로 지각했기 때문이다.

이처럼 특정 부분에만 집중하는 것을 선택적 주의라 고 하고, 그 결과로 주의를 기울이지 않은 것을 보지 못하 는 현상을 부주의맹inattentive blindness이라고 한다.

변화맹

change blindness

변화맹^{change blindness}은 보이는 대상의 변화를 뇌가 의식하지 못하는 현상이다. 예컨대 영화를 제작할 때 많은 사람이 관여하고 편집 과정에서 자세히 살펴보는데도 주인공의 의상이나 먹고 있는 음식의 양, 심지어 종류가 바뀌는 등의 이른바 '옥의 티'가 발생하는 것도 변화맹 때문이다.

좌우 그림을 비교하여 틀린 곳을 찾는 게임도 변화맹을 활용한 것이다. 인간이 물리적 속성에 바탕을 두고 모든 외부 자극을 상향적으로 처리한다면 자극이 다르니 변화를 바로 알아차려야 하지만 하향 처리가 일어나기 때문에 쉽지 않다.

만약 오류를 찾아야 하는 과제 담당자라면 의미나 경험, 기대 중심의 하향 처리를 하지 않고 물리적 속성 중심으로 처리하기 위해 노력해야 할 정도로 인간의 지각 처리는 자동적으로 일어난다.

점화

priming

점화[priming]는 하나의 자극에 노출된 것 자체가 후속 자극에 대한 반응에 영향을 미치는 현상이다. 점화 효과[priming effect]라고도 한다. 예를 들어 실험자가 피실험자에게 '음식'이라는 단어를 먼저 보여준 후 여러 단어를 보여주면서 아는 단어가 나오면 버튼을 누르라고 지시하면 피실험자들이 '책상'보다 '반찬'이라는 단어에 더 빨리 반응하며 인식한다.

또한 시각적으로 하얀색을 보면 커피보다는 병원을 더 잘 떠올릴 수 있다. 따라서 각종 광고와 디자인이 점화 효과를 노리고 기존 개념 체계와 일치하는 일정한 패턴으로 만들어지고 있다.

의미 차원에서 살펴봐도 비슷하다. 의미의 연관성이 큰 대상을 이해할 때는 연관성이 적은 대상을 이해하려 할 때보다 인지적 노력이 적게 필요하다. 그래서 더 쉽고 편하게 느껴진다. 전문가들은 학습 체계를 세우거나 콘텐츠를 설계할 때 이런 점을 고려하기도 한다.

예를 들어 착각을 먼저 배우고 착시에 관한 개념을 배우면 인지적 자원을 덜 소모하지만, 착각을 배우고 인본주의에 관한 개념을 배울 때는 활성화되는 의미 맥락이 다르므로 인지적 노력을 더 해야 한다.

이러한 개념적으로 타당한 느낌과 여러 시사점에도 불구하고, 점화가 무척 순간적으로 일어나며 그것을 증명하기 쉽지 않기 때문에 여전히 재현 위기에 대한 논란이 벌어지고 있다.

게슈탈트

gestalt

독일어 단어 게슈탈트^{gestalt}는 생김새, 형태를 의미한다. 그래서 게슈탈트 학파의 심리학을 형태주의 심리학이라고도 한다. 게슈탈트 학파는 '전체는 부분의 합보다 크다'라고 주장했다. 이들에 따르면 요소는 단순한 물리적 속성으로 환원할 수 없다.

게슈탈트 심리학은 지각 과정을 특히 중시했다. 인간이 지각하는 원리를 게슈탈트 구조화 원리^{gestalt organizing principles}라고 이름 붙여 발표하기도 했다. 게슈탈트 학파가 찾은 지각의 원리 중 대표적인 네 가지는 다음과 같다.

첫째, 근접성 원리이다. 다른 조건이 일정하다면 인간은 가까운 거리에 있는 것을 통합하여 무리를 형성하며 지각한다.

둘째, 유사성 원리이다. 여러 종류의 자극이 있을 때 다른 조건이 일정하다면 인간은 유사한 것을 합하여 지각한다.

셋째, 연속성 원리이다. 다양한 가능성이 있을 때 인간은 매끄럽거나 곡선이 생기는 패턴으로 정리해서 지각한다.

넷째, 좋은 형태 법칙이다. 인간은 단순하고 규칙적이며 좌우 폭이 대칭적으로 같은 형태는 그렇지 않은 형태보다 통합해서 지각한다.

게슈탈트 학파의 여러 지각 원리에 해당하는 예시는 다음 그림과 같다.

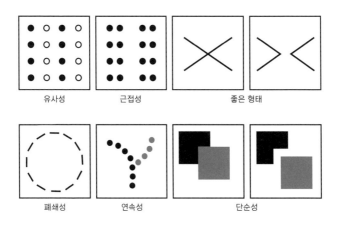

<table>
<tr><td>유사성</td><td>근접성</td><td colspan="2">좋은 형태</td></tr>
</table>

유사성　　　근접성　　　　　좋은 형태

폐쇄성　　　연속성　　　　　단순성

망막 부등

retinal disparity

우리의 왼쪽과 오른쪽 눈에는 각각 망막이 있다. 두 망막은 위치가 다르기 때문에 대상이 동일해도 다른 이미지를 받아들인다. 이 이미지의 차이가 바로 망막 부등[retinal disparity]이다.

인간은 망막 부등으로 인해 깊이와 거리를 지각할 수 있다. 이미지의 차이가 크면 뇌는 그만큼 대상의 거리가 가깝다고 추리한다. 차이가 크지 않으면 대상의 거리가 멀다고 판단한다.

왼손과 오른손의 집게손가락을 각각 양쪽 눈앞에서 1센티미터 떨어진 지점에 두고 점점 멀리 떼면서 눈이 거리를 어떻게 지각하는지를 살펴보자. 멀리 떼면, 망막 부등을 통해 거리를 어떻게 지각하는지를 확인해볼 수 있다.

망막 부등은 3D 영화 감상에도 활용된다. 특정 각도로 보도록 제작한 특수 안경을 착용하면 왼쪽 눈은 왼쪽 카메라 영상만, 오른쪽 눈은 오른쪽 카메라 영상만 보면서 깊이를 더 과장되게 지각한다. 실제로 보는 것은 2차원 평면 스크린이지만 현실 속 대상처럼 3차원으로 인식할 수 있다.

초감각 지각

extra sensory perception, ESP

초감각 지각 extra sensory perception, ESP 은 감각 입력이 없어도 지각이 일어날 수 있다는 개념이다. 환각도 감각 입력 없이 일어나는 지각이지만 약물에 의해 나타나는 데 비해 초감각 지각은 계속 유지되는 능력을 의미한다.

초감각 지각의 대표적 사례는 텔레파시, 투시, 예지, 천리안, 염력이다. 이들은 심리학보다는 대중 영화에서 더 많이 다루고 있다. 하지만 여러 대학교에서 초심리학 parapsychology 이라는 분야를 통해 연구하고 있기는 하다.

텔레파시는 도구의 도움을 받지 않고 마음과 마음이 직접적으로 소통하는 현상이다. 입을 움직이지 않고 지구 반대편에 있는 사람과 이야기 나눌 수 있는 것이다.

1930년 미국 듀크대학교의 조지프 뱅크스 라인 Joseph Banks Rhine 박사는 'ESP 카드 테스트'로 텔레파시를 증명하려 했다. ESP 카드는 다섯 가지 무늬별로 다섯 장씩 총 25장으로 이뤄져 있다.

라인은 모든 사람에게 초감각이 존재할 수 있다고 믿었기에 일반인 206명을 대상으로 실험했다. 실험 과정은 다음과 같았다. 두 명의 참가자를 격리하고 한 명에게만 ESP 카드를 주며 한 장씩 뒤집어 무늬를 확인하도록 했다. 무늬를 확인한 사람이, 다른 공간에 격리된 다른 피실험자에게 텔레파시로 그 무늬를 알려주면 피실험자는 수신한 무늬를 적는다. 이후 라인은 실제 카드 무늬와 피실험자가 수신한 카드 무늬를 비교했다. 적중률은 약 20퍼센트였다. 다섯 가지 카드 무늬 중 하나를 고르는 경우의 수에서 10회 중 8회는 틀리고 2회 정도가 일치했다. 이것이 통계적으로 정말 유의미한지는 논란의 소지가 있다.

누군가는 텔레파시 개념 자체가 물리적 시간과 공간의 제약을 초월하여 소통하는 것이기에 예전에 살았던 사람이나 미래의 누군가와도 소통할 수 있다고 주장한다.

실제로 텔레파시가 존재한다면 미래의 주가 변화도 알 수 있으니 엄청난 부를 축적할 수 있고, 억울하게 죽은 사람과도 통할 수 있으니 미제 사건도 술술 해결할 수 있을 것이다. 무엇보다도 텔레파시 능력자가 연구자에게 텔레파시로 속 시원하게 알려줄 수 있었겠지만 아직 그런 사례는 보고되지 않았다.

투시는 콘크리트처럼 단단한 사물의 내부를 자유롭게 꿰뚫어 볼 수 있는 능력이다. 하지만 투시 능력자는 겨드랑이, 무릎 등 특정 부위나 구리, 철 등 특정 물건만 투시할 수 있다고 주장하는 경우가 많아 아직도 의심받고 있는 실정이다.

예지는 미래 사건에 대한 지각이다. 여러 매체가 예지에 관한 사례를 흥미롭게 소개하고 있다. 2002년 영국 심리학자 리처드 와이즈먼 연구 팀은 2만 8천 명을 대상으로 동전 던지기 게임을 했다. 앞면이 나올지 뒷면이 나올지를 네 번 연속으로 맞히는 게임이었는데, 참가자 중 49.8퍼센트가 예지력이 있는 것처럼 정확히 맞혔다.

그런데 예지력이 있다고 주장하는 사람은 많지만, 9·11 테러 같은 사건의 일시와 가담자의 은신처 등을 미리 정확히 맞힌 사람은 없다는 사실을 잊지 말아야 할 것이다.

2011년 사회심리학자 대릴 뱀Daryl Bem도 코넬대학교 학생들을 대상으로 실시한 아홉 가지 실험을 통해 약 53.1퍼센트의 정확도로 인간에게 미래 사건을 예언하는 능력이 있을 수 있음을 보여주었다.

그렇지만 비판론자들은 연구 방법과 통계 분석에 심각한 문제가 있다고 지적했다. 벰은 원하는 연구자에게 실험 자료를 공개하며 연구에 대한 자신감을 표했고, 이후 지지와 비판에 대한 논쟁이 계속되고 있다.

멀리 떨어진 곳의 사건을 지각하는 능력인 천리안, 사물을 마음만으로 움직이는 염력도 실험적으로 타당성을 증명하기 힘들다. 그럼에도 불구하고 대중은 초감각 지각에 많은 흥미를 느끼고, 일부 유명 대학의 심리학자가 그 흥미에 대응하는 연구를 발표하고 있어서 주류 심리학도 초감각 지각을 전면적으로 인정한다는 오해를 심어주고 있는 실정이다.

파레이돌리아

pareidolia

파레이돌리아^{pareidolia}는 영상이나 소리 등 감각 대상의 자극을 전혀 관련 없는 패턴으로 지각하는 현상이다.

무작위적으로 생성되어 하늘을 채운 구름을 의미 있는 패턴인 양 떼나 특정 동물, 사물 등으로 지각하는 것이 대표적인 파레이돌리아 현상이다.

우리는 달 표면의 얼룩에서 토끼를 보기도 한다. 특히 천장이나 천 등에 우연히 생긴 물 자국을 예수 같은 성인이나 사람의 얼굴로 지각하는 경우도 있다. 그 이유는 원래 자극과 무관하게 인간이 뇌의 방추형 얼굴 영역^{fusiform face area, FFA}을 중심으로 다양한 심리 상태를 드러내는 상대의 얼굴을 빠르게 인식하도록 진화적으로 발달했기 때문이다.

몬더그린 효과

mondegreen effect

몬더그린 효과 mondegreen effect 는 낯선 외국어에 노출된 사람이 해당 언어를 모국어처럼 여기는 현상이다.

‘몬더그린 mondegreen’이라는 용어는 1954년 미국 작가 실비아 라이트 Sylvia Wright 의 에세이 〈레이디 몬더그린의 죽음 The Death of Lady Mondegreen〉에서 유래했다.

미국인 라이트는 어린 시절에 주위 사람들의 영어와는 억양과 단어가 사뭇 다른 스코틀랜드 발라드 ‘머레이의 잘생긴 백작 The Bonny Earl of Murray’을 들었다. 라이트는 "그리고 그를 풀 위에 뉘였다 and laid him on the green"라는 부분을 음성적으로 "그리고 몬더그린 여사 and Lady Mondegreen"로 잘못 알아들었던 일화를 에세이에 썼다. ‘laid’를 ‘lady’로 착각하면서 그 이하 ‘him on the green’을 여성의 이름으로 왜곡한 결과였다.

이후 잘못 알아들은 단어 몬더그린이 음성적 착각을 대변하는 단어로 쓰이게 되었다.

몬더그린 효과는 외국어를 모국어로 듣는 착각과 관련 있다. 팝송 가사를 한국어처럼 들리는 대로 표현해서 개그 소재로 쓰는 것이 대표적인 예이다. 월드컵 시기에 널리 불리는 한국 대표 팀 응원가 '오! 필승 코리아'를 영어가 모국어인 사람들 중 일부는 음성적으로 유사한 'Oh, peace of Korea'로 알아들었다.

한편 한국어가 모국어인 사람이 한국어를 다른 한국어로 착각하는 것은 몬더그린 효과가 아니라 단순 착각이다.

몬더그린 효과는 인간의 뇌가 적응을 위해 진화시킨 정보처리 패턴에 바탕을 둔다. 새로운 정보를 그저 허공에 사라지도록 날리면 안 되니, 어떻게든 아는 언어 지식을 바탕으로 처리하여 이해하려 할 때 몬더그린 효과가 일어난다. 외국어에 능통하면 몬더그린 효과는 일어나지 않는다. 몬더그린 효과는 모국어에 비해 외국어가 유창하지 않아서 더 익숙한 모국어로 외국어를 처리하기 때문에 나타난다.

니니오의 소멸 착시

Ninio's extinction illusion

니니오의 소멸 착시^{Ninio's extinction illusion}는 프랑스 생물학자 앙리 자크 니니오^{Henry Jacques Ninio}가 2000년 발표한 논문에서 소개한 착시 현상이다.

회색 직선들이 교차하는 곳에 12개의 검은 점이 있다. 하지만 대부분의 사람은 점 12개를 한 번에 지각하지 못한다. 한 점에 주목하면 마치 주변의 점들이 사라진 것처럼 보이지 않는다. 그러다가 위로 시선을 돌리면 그곳의 점들이 나타난다. 그 순간 조금 전까지 보고 있던 위치의 점들은 없어지는 것처럼 보인다.

인간은 한 번에 약 네 개의 점만 볼 수 있다는 사실 때문에, 이 착시가 인간의 작업 기억 용량의 한계로 인해 나타난다는 잘못된 정보가 퍼져 있다. 니니오의 소멸 착시는 작업 기억과 상관없이 뇌의 정보처리 특성에 바탕을 둔 지각 때문에 일어난다.

인간의 눈은 중심부 정보를 중심에 두고 처리하며,

상대적으로 주변부 시야는 좋지 않다. 책을 볼 때도 중심부의 활자는 확실히 지각하지만 주변부 글자는 정확히 지각하지 못한다. 그저 글자가 있다고 느낄 뿐이다. 이 느낌도 감각 정보를 처리했기 때문에 아는 것은 아니다. 뇌는 현재 주목하는 사물을 바탕으로 그 주변을 그럴듯하게 추정한다. 글자를 지금 보고 있으니 주변의 검은 문양도 글자일 것이라고 추정하는 식이다.

　따라서 그림의 한 점을 바라보면 뇌는 점 옆의 정형화된 직선 무늬를 바탕으로 그 주변에도 똑같은 무늬가 계속 이어지리라고 추정한다. 이 때문에 실제로 존재하는 검은 점이 보이지 않게 되므로 니니오의 소멸 착시가 일어난다. 이 착시는 인간의 뇌와 정보처리 방식을 잘 보여주는 사례이기에 심리학자들의 관심을 얻고 있다.

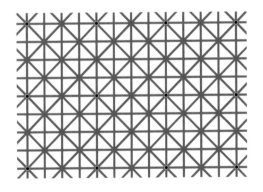

5장

기억

기억 과정

memory process

심리학에서 정의하는 기억은, 지각을 거친 정보를 능동적으로 처리하여 시간이 지나도 유지될 수 있게 저장하고 필요할 때 다시 꺼내는 과정이다. 즉, 외부의 자극을 수동적으로 입력하는 것과는 다르다. 지각 과정에서 하향적 처리가 나타나는 것처럼 자극을 물리적 속성 이상으로 처리하는 과정이 일어난다. 즉, 추상적인 의미화 과정을 통해 대상을 변형시켜 뇌에 저장한다.

기억 과정^{memory process}은 크게 세 가지로 나뉜다.

첫째는 부호화^{encoding}로, 정보를 뇌에 집어넣는 과정이다. 부호화는 외부의 대상을 직접적으로 입력하는 게 아니라, 감각과 지각을 거쳐 뇌가 인식할 수 있게 전기화학적 신호로 변환하여 뇌의 각 부위에 집어넣는 것이다.

둘째는 저장^{storage}으로, 부호화된 정보를 유지하는 과정이다. 비유하자면 작업대에서 점토를 도자기 모양으로 빚는 부호화 과정 이후에 바로 굽지 않고 선반에 두고 말리는 것과 비슷하다. 기억은 정보를 고정시키지 않고 역동적으로 구성하므로 언제든 변형될 수 있다. 저장된 정보도 시간이 갈수록 변형될 수 있고, 다시 꺼내려 할 때 변형될 수도 있다. 참고로 시험을 앞두고 벼락치기 공부를 하면 부호화는 되지만 스트레스 등으로 인해 뇌에 제대로 저장되지 않으므로 노력에 비해 효과가 없다.

셋째는 인출[retrieval]로, 저장된 정보를 다시 꺼내는 과정이다. 이때 저장된 정보가 시간이 지나 썩는 것처럼 손상되어 인출하지 못할 수도 있다. 또한 은행에 맡긴 돈은 잘 보관되어 있지만 비밀번호를 잊어버리면 인출하지 못하는 것처럼, 저장은 멀쩡하게 잘되어 있지만 해당 정보를 찾아올 단서를 잊어버려서 인출에 실패할 수도 있다. 이렇게 인출에 실패하는 현상이 망각[forgetting]이다.

기억 구조

memory structure

'기억'은 한 단어로 표현되지만 사실은 여러 개의 기억 구조memory structure로 이루어져 있다.

첫째는 감각 기억sensory memory이다. 인간은 오감으로 표현되는 감각 영역별로 기억이 있으며, 유지 시간이 다양하다. 시각 감각 기억인 영상 기억iconic memory은 최대 150 밀리세컨드까지 유지된다. 청각 감각 기억인 음향 기억echoic memory은 최대 4천 밀리세컨드, 즉 4초까지 유지된다.

둘째는 단기 기억short-term memory이다. 장기적으로 유지되는 기억과 수 초에서 1분까지 유지되는 기억은 특성이 다르기 때문에 심리학자들이 처음에는 단기 기억으로 명명했다. 하지만 단순히 시간에 따라 분류하기보다는 특성의 차이를 강조하기 위해 작업 기억working memory이라는 명칭으로 바꿨다.

작업 기억은 작업대에 대한 비유로 설명할 수 있다. 감각 기억을 통해 유지한 정보를 작업대인 작업 기억에 올려놓고 작업하여 장기 기억으로 만들 수 있도록 준비한다. 과거에는 작업 기억의 용량이 '마법의 수magic number 7'로 최소 다섯 개에서 최대 아홉 개라고 예상되었지만, 최근 연구를 통해 최대 네 개라고 밝혀졌다.

작업 기억은 시공간 잡기장과 음운 루프와 중앙처리장치로 이루어진다. 시공간 잡기장은 시각 이미지를 다루며, 생각을 통해 이미지를 만들고 조작하게 해준다. 음운 루프는 청각 정보를 유지하고 조작하게 해준다. 중앙처리장치는 과제에 주의를 기울이고 특정 과제에서 다른 과제로 주의를 전환하는 등 중앙 관제 센터와 같은 역할을 한다.

셋째는 장기 기억long-term memory이다. 장기 기억은 용량과 유지에 한계가 없다고 알려져 있다. 뇌 수술을 할 때 자극을 주면 환자가 그동안 의식적으로 기억하지 못했던 사소한 것들까지 자세하게 인출되는 경우가 있기 때문이다. 그럼에도 불구하고 인간이 나타내는 기억 능력에는 한계가 있다. 그 이유는 다른 기억 정보들이 간섭하여 인출을 방해하기 때문이다.

장기 기억은 크게 두 가지로 나뉜다. 첫째는 서술적 기억declarative memory이라고도 하는 명시적 기억explicit memory이다. 사람, 장소, 사건, 사물 등에 대한 이 기억은 일단 해마에 저장되었다가 장기 기억으로 전환되어 대뇌에 저장된다. 명시적 기억은 다시 일화 기억^{episodic memory}과 의미 기억^{semantic memory}으로 나뉜다.

둘째는 암묵적 기억^{implicit memory}이다. 명시적 기억이 의식적으로 인출할 수 있는 데 비해 암묵적 기억은 명시적으로 기억하지 못하지만 수행에 영향을 미친다. 몇 년 만에 자전거를 타는 사람은 자전거를 어떻게 타면 되는지를 명시적으로 기억해내서 세세하게 설명하지는 못한다. 하지만 막상 자전거를 타면 금세 세세한 동작까지 잘 수행한다. 암묵적 기억은 회상 검사 같은 명시적 기억 검사로는 알 수 없기 때문에 수행 중심의 암묵 기억 검사를 별도로 활용한다. 암묵적 기억은 절차 기억^{procedural memory}과 정서 기억^{emotional memory}으로 나뉜다.

섬광 기억

flashbulb memory

일화 기억은 명시적으로 떠올릴 수 있는 자전적 사건들에 관한 기억이다. 자전적 기억 대부분은 시간이 흐를수록 흐릿해진다. 하지만 그렇지 않다고 여겨지는 기억이 있는데 대표적인 것이 섬광 기억 flashbulb memory 이다.

섬광 기억은 일화 기억 중 특별한 사건과 관련되어 선명하고 자세한 기억이다. 예를 들어 9·11 테러 현장에 있었던 생존자는 아주 선명하고 자세한 기억을 지니고 있다. 전체 자전적 기억 중 그 부분만 불을 켜서 자세히 들여다보는 것처럼 말이다.

심리학 연구에 따르면 섬광 기억은 선명하고 자세하기는 하지만 사실이라는 보장은 없다. 즉, 현장에 있던 생존자라고 해도 너무 괴로워 인출을 피할 수 있고, 다른 기사를 보고 현장에서 보지 못한 것을 추가하는 식으로 기억을 재구성할 수도 있다. 하지만 섬광 기억을 지닌 당사자는 자신의 기억이 정확하다고 믿는다. 그 믿음과 실제

정확성의 차이가 클 뿐이다.

　　섬광 기억은 기억이 수동적으로 사건을 입력하는 것이 아니라 능동적으로 얼마든지 재구성될 수 있음을 보여주는 대표적 사례이다.

목격자 기억

eyewitness memory

사건이나 사고가 발생했을 때 그 광경을 목격한 사람은 자신의 기억에 의존하여 증언한다.

미국 심리학자 엘리자베스 로프터스 Elisabeth Loftus 는 이 목격자 기억 eyewitness memory 이 얼마나 믿을 수 있는지를 검증했다. 연구 결과에 따르면 질문에 따라 기억 내용이 왜곡될 수 있을 뿐만 아니라, 목격자의 성격이나 편견 등 인지적 특성에 따라 내용이 달라질 수도 있었다.

로프터스의 연구를 바탕으로 목격자 증언은 유죄 여부를 판단하는 결정적 증거라기보다는 정황 증거로서의 의의가 더 커졌다.

오기억

false memory

오기억 false memory 은 실제로는 일어나지 않았는데도 자신에게 그런 일이 있었다고 기억하는 잘못된 기억이다. 오기억은 억압된 기억 문제와 함께 미국 사회에서 큰 화젯거리가 되기도 했다.

주류 심리학에서 오기억과 억압된 기억을 다룬 대표적 사례는 엘리자베스 로프터스가 참여한 프랭클린립스커 사건이다. 에일린 프랭클린립스커 Eileen Franklin-Lipsker 라는 인물은 20년 전 어렸을 적 친구였던 수전 네이슨 Susan Nason 을 자기 아버지가 강간하고 살해했다고 주장했다. 그는 자신이 오랫동안 그 끔찍한 기억을 억압했고, 심리 치료를 받으면서 억압된 기억을 회복했다고 주장했다.

억압된 기억 repressed memory 은 정신적 상처, 즉 트라우마로 인해 무의식의 영역 속에 봉인되어 명시적으로 기억해낼 수 없지만 정신에 영향을 미치는 기억이다. 억압된 기억 개념은 1896년 프로이트가 논문 〈히스테리 병인론

174

Zur Ätiologie der Hysterie〉에서 처음 제기했을 정도로 역사가 오래되었다. 하지만 정신분석학이 아닌 심리학에서는 억압된 기억의 존재에 대해 부정적이다.

로프터스는 심리 치료를 통해 회복되었다고 주장하는 억압된 기억은 실제로는 심리 치료사들의 암시를 통해 만들어지는 경우가 많다고 생각했다.

나중에 심리학자들은 실험에서 합성 사진을 보여주거나 실제로 일어나지 않은 일을 마치 있었던 것처럼 질문한 다음 참가자의 반응을 살폈다. 그러자 참가자는 디즈니랜드에서 벅스 버니와 찍은 사진을 보고 벅스 버니와 재미있게 논 기억을 생생하게 떠올렸다. 심리학자들은 이런 방식으로 얼마든지 가짜 기억을 만들 수 있음을 증명했다. 벅스 버니는 디즈니 캐릭터가 아니기 때문에 참가자의 기억은 있을 수가 없었다. 즉, 그동안 기억해내지 못했다는 억압된 기억은 암시적 질문에 의한 오기억일 수 있음을 보여준 사례다.

참고로 당시 프랭클린립스커 재판에서 전문가로서 증언한 로프터스는 기억이 얼마든지 재구성 및 변형될 수 있음을 여러 증거로 주장했다. 하지만 프랭클린립스커는 유죄를 선고받았다가 결국 항소를 통해 석방되었다. 이후 미국의 일부 주는 억압된 기억에 의한 소송을 불가능하게 했고, 설사 소송하더라도 매우 구체적인 보강 증거를 제시하도록 규정을 바꾸었다. 법이 심리학을 응용한 사례이기도 하다.

기억술

mnemonic

기억술[mnemonic]은 정보에 대한 기억을 양적으로 더 많이, 질적으로는 더 명확하게 유지하기 위한 방법이다. 심리학계에서 검증한 대표적인 기억술은 다음과 같다.

첫째, 덩어리 짓기[chunking]이다. 각 항목을 낱개가 아니라 범주화하여 덩어리[chunk]로 만드는 것이다. 예를 들어 사과, 개, 오리, 물개, 복숭아, 포도가 있다면 동물과 과일로 나누어 두 덩어리로 기억한다.

둘째, 이야기 기법[story method]이다. 인간은 이야기 형태로 생각하고, 이야기 형태로 기억을 재구성한다. 그러므로 가장 익숙한 이야기 형태로 기억하면 효과적이다. 앞의 덩어리 짓기 사례의 경우 '물개처럼 생긴 개가 오리를 쫓다가 사과와 복숭아와 포도가 있는 과수원까지 들어갔다'라는 이야기 형태로 각 항목을 기억하는 것이다. 여기에 이야기만이 아니라 영상과 소리 등의 감각까지 추가하여 떠올려서 기억하는 것이 '영상화 기법'이다.

셋째, 장소법^{loci method}이다. 다양한 항목을 각각 구별되는 상상 속 방이나 서랍 같은 특정 장소와 연관 짓는 방법이다. 예를 들어 개와 물개는 1층 거실에, 사과와 오리는 주방에, 복숭아와 포도는 냉장고 안에 넣는 식이다. 장소 기억은 수렵 채취 시절부터 인간의 생존을 위해 중요한 요소였기에 뇌가 효율적으로 저장한다.

넷째, 머리글자법이다. 기억하고 싶은 대상의 머리글자를 떼어 기억하는 방법이다. 작업 기억의 용량은 제한되어 있기에 일단 머리글자만 기억하고 나중에 해당 단어 전체를 꿰어 맞추며 기억해낸다.

간격 두기 효과

spacing effect

간격 두기 효과spacing effect는 정보를 부호화할 때 벼락치기 공부처럼 집중적으로 암기하기보다 시간을 분산시켜 공부하거나 연습할 때 더 효과가 높은 현상이다.

벼락치기 공부는 기억 대상을 열심히 입력하려 해도 기억이 응고되도록 하는 틈이 없이 새로운 정보를 밀어 넣어서 엉키게 하므로 오히려 학습 효과를 떨어뜨린다.

간격 두기 효과는 암기뿐만 아니라 운동 기술을 익히거나 게임하는 등의 다양한 과제에서도 나타난다. 하지만 여전히 벼락치기 집중 훈련을 선호하는 사람이 많다. 그 이유는 평소 공부하는 습관이 없는 상태에서 시험을 앞두고 유일하게 선택할 수 있는 전략이므로 효과적이어야 한다는 기대가 강하고, 벼락치기를 했을 때 접한 정보가 시험에 나오면 정서적으로 더 많이 흔들려 마음에 인상적인 자취를 남기기 때문이다.

안정적인 학습 효과를 원한다면 간격 두기가 필요하

다. 특히 암기하거나 연습한 것을 장기적으로 남기려면 간격을 충분히 둬서 조금씩 준비하는 게 좋다. 이때 공부하거나 연습한 것을 시험해보면 도움이 된다. 가볍게 스스로 시험을 치르면서 공부한 내용과 미진한 내용을 확인하며 분산 학습을 하면 효과가 높아진다.

참고로 단순 반복하면서 기억하려고 노력하는 것보다 시험을 볼 때 기억이 더 촉진되는 현상을 검증 효과 testing effect라고 한다. 이 사실을 잘 아는 심리학 교수들은 강의 시간마다 가벼운 퀴즈 형태의 시험을 보거나, 교재의 연습 문제를 풀도록 하거나, 스스로 질문을 만들어 답하게 한다.

기억상실
amnesia

기억상실^{amnesia}은 말 그대로 기억을 잃는 상태이다.

드라마나 영화에서 사고 이후 기억상실에 걸리는 장면이 많이 등장해서 흔한 현상 같지만 사실은 그렇지 않다. 알츠하이머병 같은 뇌 손상, 질병, 약물 사용, 트라우마 등으로 인해 생긴다. 건망증은 기억상실이라기보다는 가끔 기억이 잘 나지 않는 정도를 뜻한다.

기억상실에도 여러 종류가 있다.

첫째인 완전성 기억상실은 기억 자체가 불가능한 것을 말한다. 완전성 기억상실이 나타날 만큼 뇌가 손상되었다면 생존이 어려울 정도로 심각한 상태이기에, 주로 정신적 충격에 의해 일어난다고 알려져 있다.

둘째인 장기 기억상실은 옛날 기억을 잃어버리는 것이다.

셋째인 단기 기억상실은 바로 전에 일어난 일을 기억하지 못하는 것이다. 대부분의 단기 기억상실은 저절로 좋아지는 경우가 많다.

넷째인 역행성 기억상실은 드라마나 영화에 많이 등장하는 것처럼 특정 사건, 사고, 질병 전에 일어난 일을 기억 못 하는 것이다.

다섯째인 순행성 기억상실은 특정 사건, 사고, 질병 후에 일어난 일을 기억하지 못하는 것이다. 기억하지 못하는 기간은 몇 시간부터 몇 개월 등으로 다양하다.

출처 기억상실
source amnesia

출처 기억상실 source amnesia 은 기억하는 것의 출처를 잊은 현상이다.

　다른 사람의 이야기를 기억하고 있지만 처음부터 자신이 생각한 내용을 기억한다고 잘못 판단할 수도 있다. 한 음악가가 멋진 노래를 만들었는데 사실은 다른 사람의 작품을 기억한 결과라면 그 출처를 기억하지 못한 것도 출처 기억상실에 해당한다.

　'바로 이 장면은 예전에 경험했어'라고 생각하게 되는 데자뷔(기시감)도 기억의 출처를 제대로 기억하지 못하는 현상과 연관된다. 현재 들어온 자극이 친숙하다는 느낌과, 과거에 어디서 경험했는지 모른다는 낯선 느낌이 혼란스러운 감정을 만든다. 친숙함은 현재 자극 대상을 뇌의 측두엽이 처리해서 경험하는 감정이다. 즉, 해마가 관여하는 의식적인 기억 과정이 없이 생긴다. 그 친숙함을 설명하고자 뇌가 과거의 경험에서 단서를 찾는데, 사실

예전에 실제로 경험한 것이 없어서 기억의 요소를 찾을 수 없기에 미묘한 감정이 든다.

데자뷔를 일단 경험하면 처음의 강렬하고 미묘한 감정은 빠르게 사라지고 곧 평정심을 찾는다. 편도체 중심으로 강렬한 감정을 느꼈지만, 해마와 전두엽으로 그 감정 상태를 데자뷔라고 속 시원하게 이름 붙였기 때문이다. 실제로 과거에 경험했느냐 여부와 상관없이 전두엽에서 해마를 뒤져 해당 경험을 했다고 판단한 덕분에 더 이상 감정에 흔들리지 않고 빠르게 마음이 안정된다.

순행 간섭

proactive interference

기억해야 하는 여러 대상을 학습할 때 앞의 항목이 뒤의 항목 기억을 방해하는 현상이 순행 간섭proactive interference 이다.

예를 들어 온라인 사이트 계정의 비밀번호를 새롭게 설정했는데 예전 비밀번호는 기억나지만 새 비밀번호가 생각나지 않는다면 순행 간섭이다.

순행 간섭의 반대 개념인 역행 간섭retroactive interference은 새로 학습한 정보가 기존 정보 회상을 방해하는 현상이다. 친숙했던 노래를 개사해서 열심히 불렀는데, 개사한 가사는 기억나지만 원래 가사가 기억나지 않는다면 역행 간섭이다.

순행 간섭과 역행 간섭은 일상에서 자연스럽게 일어나는 기억 실패이다. 특히 인간은 인지 능력이 제한되기 때문에 새로운 정보를 학습하면 이전 것은 망각하는 경향이 더 강하다. 단, 잠자기 전에 학습하면 이후 새로 입력하는 정보가 없기 때문에 역행 간섭을 막을 수 있다. 하지만 의식이 깨어 있을 때 순행 간섭과 역행 간섭을 막고 싶다면 자주 기억 항목을 인출하기 위해 노력하는 게 효과적이다.

자이가르니크 효과

Zeigarnik effect

미완성 효과라고도 하는 자이가르니크 효과[Zeigarnik effect]는 이 효과를 처음 실험적으로 증명한 심리학자 블루마 자이가르니크[Bluma Zeigarnik]의 이름에서 따온 용어이다.

자이가르니크는 실험 참가자를 두 집단으로 나누고 간단한 과제를 풀도록 했다. 단, 두 집단 중 A 집단은 과제를 끝마치도록 했고, B 집단은 과제를 하는 도중에 멈추도록 했다. 그 후 과제에 대한 참가자들의 기억을 조사했다. 과제를 중단한 B 집단이 과제를 끝마친 A 집단에 비해 기억한 양이 1.9배 더 많았다. 미완성이 기억을 더 많이 하도록 했기 때문이다. 이것이 자이가르니크 효과의 핵심이다.

끝내 성공하지 못한 첫사랑과의 일화, 끝내 마무리하지 못한 프로젝트의 진행 사항 등 자이가르니크 효과를 확인할 수 있는 사례는 생활 속에서 많이 볼 수 있다. 사람들은 자신이 응대해서 발송한 이메일 내용보다는 발송하려다가 멈춘 이메일 내용을 더 잘 기억한다. 완료한 일은 편안함을, 미완성한 일은 긴장감과 아쉬움 등의 스트레스를 안긴다. 인간의 뇌는 미완성한 일에 대해서는 특별한 긴장감과 함께 층위가 더 높은 정서적 정보처리를 하기 때문에 더 강한 흔적이 남는다. 더 강한 흔적은 기억이 더 잘 떠오르게 한다.

자이가르니크 효과는 마케팅에도 많이 사용된다. 온라인 쇼핑 사이트는 소비자의 마음을 가급적 편안하게 해주려고 노력할 것 같지만, 실제로는 이번 달에 할당된 총 10개의 스탬프 중 여섯 개만 찍혔다는 메시지와 할인 상품 목록 등을 굳이 소비자에게 보여준다. 미완성에 관한 스트레스를 줘서 쇼핑 사이트를 기억하고 다시 들어와 또 구매하도록 유도하기 위해서이다.

콘텐츠의 홍수 속에서 드라마와 예능은 매회의 끝부분을 시원하게 완결하여 시청자를 만족시켜주지 않는다. 드라마는 특정 사건이 진행되어 절정으로 치달을 때 "다음 회에 계속"이라는 자막과 함께 해당 회를 종료한다. 그래야 시청자가 다음 주까지 그 많은 콘텐츠 중에서도 해당 드라마를 기억할 것이기 때문이다. 예능은 그 주에 테마가 완결되면 "다음 회 방송 내용"이라는 영상을 통해 다음 출연진과 테마를 자세히 보여준다. 어떻게 진행될지 운을 확실히 띄운 다음 흥미가 생길 때쯤 갑자기 중단한다. 그래야 "아휴, 재미있게 봤네"라며 박수를 받는 대신 영영 잊히는 지경에 빠지지 않기 때문이다.

사후 결정 부조화
post-decision dissonance

결정을 내린 이후 그 결정에 대한 확신이 부족할 때 경험하는 심리적 불편함을 사후 결정 부조화^{post-decision dissonance}라고 한다.

사후 결정 부조화는 선택에 대한 확신이 부족한 데서 나오기 때문에 우리는 선택이 옳다는 확신을 높이기 위해 추가 행동을 하게 된다.

예컨대 얼마 전 자동차를 구입했다면 새 차의 판매가와 중고차 가격을 확인한다. 물건을 구매한 사이트에 가서 다른 대안들보다 자기가 구입한 물건의 좋은 점을 확인하며, 자신이 판 주식의 주가가 내림세로 돌아선 것을 확인하는 식의 추가 행동을 한다. 이러한 추가 행동을, 사후 결정 부조화에서 오는 정서적 불편함을 이성적 노력으로 줄이기 위한 행동이라는 의미로 사후 결정 합리화^{post-decision rationalization}라고 한다.

사후 결정 부조화와 사후 결정 합리화는 특정 선택

이후 설령 문제가 있다고 해도 번복하기 힘든 상황일 때, 선택에 들인 노력이 클 때 더 잘 나타난다. 즉, 선택을 바꾸기 힘드니 자신이 옳았다는 믿음을 더 강하게 하기 위해 사후 결정 합리화로 사후 결정 부조화를 줄이려 한다.

6장

학습

학습

learning

학습^{learning}을 정의하면 직접경험이나 간접경험을 통한 지식과 사고와 행동의 지속적인 변화라고 할 수 있다.

학습은 자연적인 변화가 아니다. 나이가 든다고 해서 자연스럽게 이루어지는 게 아니라 경험을 통해 변화해야 이루어진다.

일반적으로 외부 기억 대상을 그대로 암기하는 것도 학습이라고 생각하지만, 심리학에서는 지식과 사고와 행동이 지속적으로 변화해야 학습으로 본다. 이런 관점에서 유기체의 행동을 변화시키는 고전적 조건 형성 이론, 조작적 조건 형성 이론, 관찰 학습 이론, 인지 학습 이론, 상황 학습 이론 등이 제기되었다.

고전적 조건 형성

classical conditioning

고전적 조건 형성^{classical conditioning}은 생리학자였던 이반 파블로프가 동물을 대상으로 소화 관련 생리 과정을 연구하다가 알게 된 원리이다.

이 원리는 왓슨 등의 심리학자에게 큰 영향을 줘서 행동주의 형성의 주요 촉진제가 되었다. 나중에 발견된 조건 형성 원리와 구별하기 위해 '고전적'이라는 단어가 붙었다.

고전적 조건 형성은 종소리처럼 소화와 관련하여 특정 반응을 이끌어내지 못하던 자극^(중성 자극)이 반응을 무조건적으로 이끌어내는 음식과 같은 자극^(무조건 자극)과 반복적으로 연합되면서 나중에는 중성 자극^(파블로프 실험의 경우 종소리)만 단독으로 쓰여도 무조건적이었던 목표 반응^(파블로프 실험의 경우 침과 소화액 분비)이 나오게 하는 과정을 말한다.

정리하면, 중성 자극이 무조건 자극과 반복 결합한 다음 조건 자극으로 변화하여 원래 무조건 자극과 연관

되었던 무조건 반응을 조건 반응이 되도록 하는 변화가 고전적 조건 형성 학습의 원리이다. 이런 맥락에서 고전적 조건 형성의 핵심 원리는 자극-반응 연합이다.

조작적 조건 형성

operant conditioning

조작적 조건 형성^{operant conditioning}은 도구적 조건 형성^{instrumental conditioning}이라고도 한다. 스키너는 조작적 조건 형성으로, 에드워드 손다이크^{Edward Thorndike} 같은 다른 행동주의 심리학자들은 도구적 조건 형성으로 학습 원리의 이름을 정했지만 크게 다르지 않다.

　관련 연구자들은 조작적 조건 형성에서 자극-반응 연합 자체가 아니라 반응을 더 촉진하거나 감소시키는 조작을 강조하며, 핵심 원리는 결과-반응 연합이다. 또한 고전적 조건 형성에 관한 파블로프의 개 실험처럼 유기체의 무조건적인 반응이 아니라 유기체의 행동 조작에 주목한다. 유기체가 조작하는 행동이 특정 결과를 증가시키거나 감소시켜서 결국 어떤 반응을 증가시키거나 감소시키는 것이 조작적 조건 형성이다.

　스키너는 유명한 상자 실험으로 조작적 조건 형성을 증명했다. 스키너의 상자 안에는 지렛대 하나가 있었고,

이 지렛대는 먹이통과 연결되어 있었다. 쥐가 지렛대를 누르는 조작 행동을 하면 그 결과로 먹이가 나왔다. 낯선 스키너 상자에 들어간 쥐는 지렛대를 누르면 먹이가 나온다는 사실을 모른다. 하지만 상자 안을 돌아다니다가 우연히 지렛대를 누르면 먹이가 나온다. 아직 지렛대와 먹이의 상관관계를 알지 못하는, 즉 학습이 일어나지 않은 쥐는 다시 상자 안을 돌아다닌다. 그러다가 다시 우연히 지렛대를 누른 쥐는 또 먹이가 나오는 것을 경험한다. 그리고 지렛대를 누르는 행동을 반복한다. 그러면서 지렛대를 누르면 먹이가 나온다는 사실을 학습한다. 이후 먹이가 먹고 싶으면 지렛대를 누른다. 이러한 조작 행동의 결과와 반응의 연합이 바로 조작적 조건 형성이다.

강화
reinforcement

고전적 조건 형성에서는 유기체가 반응할 수 있는 무조건 자극을 제공하는 것을 강화[reinforcement]라고 한다. 이에 비해 조작적 조건 형성에서는 유기체가 행동한 후 유기체가 원하는 것을 제공하는 것을 강화라고 한다. 심리학에서는 주로 조작적 조건 형성 학습의 맥락에서 강화를 사용한다.

스키너의 상자 실험에서 쥐가 지렛대를 누르는 행동은 먹이에 의해 강화되었다. 만약 지렛대를 눌러도 먹이가 나오지 않았다면 학습 효과는 떨어졌을 것이다. 그래서 조작적 조건 형성을 위해서는 강화가 중요하다. 스키너를 비롯한 행동주의 심리학자들은 강화의 중요성을 깨닫고 연구를 진행했다.

강화 이론의 핵심 개념은 강화인[reinforcer]이다. 행동의 빈도를 높이는 자극을 뜻하는 강화인은 1차적 강화인[primary reinforcer]과 2차적 강화인[secondary reinforcer]으로 나뉜다.

1차적 강화인은 유기체의 행동을 직접적으로 증가시킬 수 있다. 개략적으로 설명하면 고전적 조건 형성의 무조건 자극처럼 음식과 물 등 유기체에게 제공했을 때 만족을 줘서 행동을 증가시킬 수 있는 자극이다.

2차적 강화인은 1차적 강화인처럼 유기체의 행동을 바로 증가시키지 못한다. 하지만 1차적 강화인과 연합하여 행동을 증가시킬 수는 있다. 쿠폰이나 돈처럼 1차적 강화인과 교환할 수 있기 때문이다.

강화는 정적 강화positive reinforcement와 부적 강화negative reinforcement로 나뉜다. 정적 강화는 유기체가 선호하는 자극을 통해 원하는 행동의 발생 가능성을 높인다. 예를 들어 학교에서 수업 시간에 발표를 잘하면 교사가 칭찬하는 것이 정적 강화이다. 부적 강화는 유기체가 혐오하는 자극을 제거하여 행동의 발생 가능성을 높인다. 예를 들어 좋은 발표를 하면 귀찮은 과제 수행을 면제해주는 것이 부적 강화이다. 부적 강화에 '부정적' 단어가 쓰이기는 했지만 처벌이 아니라는 점에 주의해야 한다.

처벌

punishment

강화는 특정 행동을 한 유기체가 원하는 자극을 제공하여 행동의 빈도수를 높이는 것을 가리킨다. 이에 비해 처벌^{punishment}은 특정 행동을 한 유기체에게 원하지 않는 자극을 제공하여 행동의 빈도수를 낮추는 것이다. 즉, 강화와 처벌은 특성이 정반대이다.

처벌은 박탈성 처벌과 수여성 처벌로 나뉜다. 박탈성 처벌은 유기체가 행동한 결과로 선호 자극을 제거하는 것이다. 예를 들어 학교에서 체험 수업을 하는데 학생이 방해하면 나눠줬던 빵을 빼앗는 것도 박탈성 처벌이다.

수여성 처벌은 혐오 자극을 제공하는 것이다. 대표적인 것이 체벌이나 공개 비난이다. 하지만 수여성 처벌은 학습보다는 심리적 문제와 갈등을 더 많이 일으킬 수 있어서 심리학에서는 권장하지 않는다.

그 밖에 처벌할 때 주의할 점이 있다. 첫째, 처벌 내용을 유기체가 정말 선호하거나 혐오하는지를 확인해야 한다. 예를 들어 학생이 수업을 방해해서 빵을 빼앗았는데, 원래 빵을 선호하지 않았다면 처벌 효과는 확 낮아진다. 오히려 빵을 싫어했는데 다른 사람이 없애주면 박탈성 처벌이 아니라 부적 강화가 되어 수업 방해 행동이 증가할 수도 있다.

둘째, 문제 행동을 할 때 즉각 처벌할수록 바람직하지 못한 행동으로 인식할 가능성이 더 크다. 그런데 매번 즉각적으로 처벌하는 것이 현실적으로 힘들 수 있으니, 처벌만이 아니라 평소 바람직한 행동에 대한 강화를 통해 학습이 일어나게 해야 한다.

셋째, 처벌에는 명확하고 일관된 원칙을 적용해야 한다. 유기체가 스스로 바람직하지 않다고 여기는 행동을 했는데도 불구하고 처벌하지 않거나 행동에 비해 약한 처벌을 한다면 유기체는 그리 잘못하지 않았다고 학습한다.

긍정적 효과를 얻으려면 처벌 자체가 아니라 처벌의 목적이 결국 바람직한 행동의 발생 가능성을 높인다는 것을 잊지 말아야 한다. 부작용이 있다고 해서 처벌 자체를 하지 않는 것은 개인과 사회 모두의 건전한 발전을 위해서 좋지 않다. 단, 처벌만이 아니라 바람직한 행동이 무엇인지도 함께 보여주고 학습시켜야 건전하게 발전할 수 있다.

관찰 학습
observational learning

관찰 학습observational learning은 사회 학습 이론social learning theory, SLT, 모델링modeling이라고도 한다. 인간이 다른 사람의 행동과 그 결과를 관찰하여 학습한다고 보는 이론이다.

관찰 학습은 1961년 앨버트 반두라의 보보 인형 연구Bobo doll experiment로 큰 화제가 되었다. 이 실험 연구는 당시 텔레비전에도 방영되었다. 실험자가 큰 오뚝이인 보보 인형을 발로 차고 손으로 때리는 장면을 본 어린이는 나중에 혼자 있을 때 실험자처럼 행동했다. 인형을 쓰다듬고 잘 대해주는 실험자를 본 어린이는 인형을 부드럽게 대했다. 이 장면은 어린이가 관찰하는 대상이자 모델인 성인들에게 큰 충격을 줬다.

관찰 학습은 행동주의 심리학과 인지주의 심리학 이론을 절충한 학습 이론이다. 직접적인 보상이나 벌의 결과를 통해서만 바람직한 행동을 형성하는 것이 아니라 다른 사람의 행동과 결과를 관찰하여 인지적으로 깨닫는 것으로도 학습이 이루어진다고 본다.

관찰 학습은 기본적인 네 가지 과정으로 이루어진다.

첫째는 주의^{attention} 과정이다. 주의는 모델의 행동과 그 결과에 주의를 기울이는 것이다. 만약 모델의 행동에 집중하지 않거나 부적절한 측면에 집중하면 올바른 관찰 학습은 일어나지 않는다.

둘째는 유지^{retention} 과정이다. 유지는 관찰 학습의 모델이 되는 행동을 돌이켜보기 위해 관찰자가 기억하면서 인지적으로 머릿속에서 시연하는 행위이다. 학습자가 기억하며 시연하지 못하면 관찰 학습은 제대로 이뤄지지 않는다.

셋째는 행동 재생$^{motor\ reproduction}$ 과정이다. 행동 재생은 학습자가 기억한 모델의 행동을 본인의 신체로 직접 재생산하는 과정이다. 관찰 학습을 완성하려면 머릿속 시연만이 아니라 행동으로 연습하면서 모델을 정확하고 성공적으로 따라 해야 한다.

넷째는 동기화^{motivation}이다. 동기화는 실제 행동으로 실현하고자 하는 동기를 만드는 과정이다. 학습자가 모델의 행동을 정확하게 관찰하고 기억하고 따라 하게 되었어도, 행동하려는 동기가 없으면 실제 행동으로 계속 나타나지 않는다. 동기화를 위해서는 조작적 조건 형성의 강화인 등을 활용할 수 있다.

　폭력적 영상이 시청자, 특히 아동의 공격 행동을 높이느냐는 논란의 중심에는 바로 관찰 학습 이론이 있다. 관찰 학습 이론에 따르면 폭력을 쓰는 사람이 더 많은 보상을 받거나 쾌감을 누리는 것을 본 아동은 그 행동을 기억하고 실행할 확률이 높아진다. 참고로 카타르시스 효과 이론에 따르면 폭력적 영상을 보면 오히려 폭력성이 폭발하기 전에 해소되는 효과가 있다. 최근 두 이론은 아바타 등을 통한 직접 행동에 가까운 폭력 게임의 긍정적 효과와 부정적 효과를 놓고 논쟁하고 있다.

학습 동기
learning motivation

학습 동기^{learning motivation}는 특정 과제를 학습하려는 의지를 말한다. 학습 동기는 동기의 구체적 종류 중 하나이기 때문에 일반 동기처럼 크게 두 가지로 나뉜다.

첫째는 내재적 동기이다. 내재적 동기는 그 행위 자체가 만족할 만한 보상이기 때문에 행동하려 하는 것이다. 즉, 내재적 학습 동기화가 된 사람은 호기심, 흥미, 성취감 등을 충족하기 위해 학습한다.

둘째는 외재적 동기이다. 외재적 동기는 행위의 결과로 주어지는 만족할 만한 보상이나 피하고 싶은 벌 등 과제 외적인 요소이다. 즉, 외재적 학습 동기화가 되면 학습의 결과로 주어지는 칭찬 혹은 혼나지 않아도 되는 상황에 만족한다. 이때 학습 내용 자체를 통한 만족보다는 학습 결과에 더 민감하게 반응한다.

내재적 동기와 다르게 외재적 동기는 지속력이 약하다. 그래서 외재적 동기로 학습을 유도했더라도 내재적 동기를 갖도록 하는 것이 교육적으로 바람직하다.

이와 관련된 심리학 이론이 자기 결정성 이론이다. 자기 결정성 이론에 따르면 인간은 유능감, 자율성, 관계성의 욕구를 타고난다.

유능감은 환경에서 효과적으로 역할을 담당할 수 있는 능력에 대한 욕구이다. 유능감을 키우기 위해서는 조금 버겁지만 충분히 해낼 수 있는 도전적 과제를 제공하고, 구체적이고 긍정적으로 피드백할 필요가 있다.

자율성은 자신이 원하는 바대로 행위를 결정하려는 욕구이다. 자율성을 증진하기 위해서는 다양한 대안 중 하나를 선택할 수 있는 권리를 부여하고, 자기 표현 과정 등을 제공해야 한다.

관계성은 다른 사람과의 친밀한 인간관계를 통해 사랑과 존중을 받으려는 욕구이다. 관계성을 증진하려면 존중과 진정성 등을 촉진하는 환경이 필요하다.

성취동기
achievement motivation

성취동기^{achievement motivation}는 도전적이고 어려운 과제를 성공적으로 수행하려는 의지이다.

일반적으로 '성취' 하면 수행의 결과물로 얻은 업적을 생각하지만, 심리학에서는 성취하는 과정 그 자체를 강하게 의미한다. 긍정심리학자 마틴 셀리그먼이 행복한 삶의 다섯 가지 요소 중 하나로 성취를 강조한 것도 같은 맥락이다. 오히려 결과에만 매달리면 외재적 동기처럼 되어 성취의 가치가 떨어진다.

이와 연관된 심리학 이론으로는 목표 지향 이론이 있다. 목표 지향 이론은 성취하려는 목표를 숙달 목표와 수행 목표 두 가지로 나눈다. 두 가지 중 무엇을 지향하느냐에 따라 학습 동기가 달라진다.

숙달 목표는 초보자가 장인이 되는 것과 같은 과제 숙달에 관련한 목표다.

수행 목표는 수행과 관련된 목표로, 두 가지로 나뉜다.

첫째는 수행 접근 목표이다. 이는 장인이 되기 위한 목표라기보다는 지금보다 더 낫기 위해, 혹은 다른 사람보다 더 나은 수행을 보이기 위한 목표이다. 자신의 과제를 최고 수준으로 숙달시키기 위한 것이라기보다는 수행에 초점을 맞춘다. 수행 접근 목표는 장기간의 관점에서 수행하는 것이 아니기에 전체 인생을 놓고 봤을 때 더 의미 있는 학습이 일어나지 않을 가능성이 있다.

둘째는 수행 회피 목표이다. 수행 회피 목표는 자신이 무능력해 보이거나 다른 사람과의 경쟁에서 지는 것을 피하고자 하는 데 초점이 있다. 최고나 최선보다는 최악을 피하려는 마음이기에 학습 동기가 그리 높지 않다.

여러 심리학 연구에 따르면 단기간에 학습 효과가 높은 쪽은 수행 회피 목표를 지향할 때이다. 교사와 부모에게 혼나지 않기 위해 당장의 시험공부를 하는 학생처럼 말이다. 하지만 오랫동안 학습 효과가 높은 것은 내재적 동기를 자극하는 숙달 목표이다.

초인지
metacognition

메타 인지, 상위 인지라고도 하는 초인지[metacognition]는 1970
년대에 발달심리학자 존 플라벨[John. H. Flavell]이 처음 사용한
용어이다. 이후에는 심리학 분야 전반뿐 아니라 다른 분
야에서도 많이 쓰이고 있다.

초인지는 인지에 대한 인지, 생각에 대한 생각을 뜻
한다. 인지는 생각, 깨달음, 기억, 의사소통 등과 관련된
심리 활동이다. 초인지는 해당 인지 활동을 관찰자처럼
층위를 다르게 하여 인지하는 것이다. 예를 들어 머릿속
에서 자동차를 생각하면 그저 인지 과정이 일어나는 것
이지만, '내가 자동차를 생각하고 있구나'라고 확인하는
것은 초인지 과정에 해당한다.

학습에서도 그저 학습 내용을 공부하는 것보다는 자
신이 무엇을 알고 무엇을 모르는지 초인지를 발휘하고
인지를 확인하면서 공부하는 것이 더 효과적이다. 모른
다는 것을 알면 시간과 노력을 더 세밀하게 배분할 수 있

기 때문이다. 이렇게 초인지를 활용한 학습법을 초인지 학습법이라고 한다.

초인지는 일상생활에도 유용하다. 일할 때도 그저 열심히 하기보다는 자신이 어떤 일을 어떻게 하고 있고 무엇에 더 신경 쓰고 무엇은 덜 신경 써도 되는지를 따지면서 선택과 집중을 하면 더 많은 여유와 더 좋은 성과를 얻을 수 있다. 또한 여가 시간에 그저 취할 때까지 음주하면서 내키는 대로 행동하고 말하는 사람과, 자신이 술 마시고 실수하지는 않는지 초인지를 발휘하면서 관리하는 사람의 삶은 달라질 수밖에 없다.

자기 조절 학습
self-regulated learning

자기 주도 학습과 동의어처럼 쓰이기도 하는 자기 조절 학습self-regulated learning은 자기 조절 이론에 바탕을 둔다.

자기 조절 이론은 학습자가 사고, 행동 및 감정 등을 조절하는 과정을 거쳐 목표에 도달하기 위해 개인적 차원에서 어떻게 심리적·행동적 통제를 하는지를 연구하는 이론이다.

예를 들어 충동을 조절하려면 당장 떠오른 충동과 장기적으로 자신이 원하는 것을 구별하려는 노력이 필요하다는 점을 연구한다.

대표적인 학자는 자아 고갈로도 유명한 로이 바우마이스터Roy F. Baumeister이다. 그는 네 가지 자기 조절 요소가 있다고 주장했다. 첫째는 바람직한 행동의 기준standards이다. 둘째는 바람직한 행동 기준에 도달하기 위한 동기motivation이다. 셋째는 기준에 어긋나는 상황과 생각들을 검호하는 과정인 모니터링monitoring이다. 넷째는 자기 통제를 위한 내적 의지력^{willpower}이다.

바우마이스터는 네 가지 요소가 상호작용하면서 인간의 복잡한 자기 조절 행동이 만들어진다고 주장했다. 예를 들어 기준이 낮으면 동기와 의지력이 더 커져서 자기 조절이 잘될 수 있다. 기준이 너무 높으면 동기가 줄어들고 의지력을 제대로 발휘하지 못해 자기 조절에 실패할 수도 있다.

바우마이스터에 따르면 자기 조절은 '생성-평가-학습' 단계를 거친다. 생성 단계에서는 자신이 선택할 수 있는 대안들을 만든다. 과거의 기억, 다른 사람의 조언, 추론, 사고, 유추 등을 통해 대안을 만들면 다음 단계인 평가 과정으로 넘어간다. 평가 단계에서는 각 대안의 이익과 손실을 계산하여 우열을 가린다. 그리고 평가 차원에서 최상의 대안을 선택한다. 이후 학습 단계에서는 평가 단계에서 선택한 대안을 실행하고, 목표 달성 정도를 관찰한다. 결과의 성공 혹은 실패를 확인하여 기억 속에 저장하고 학습한다. 여기에서 자기 조절을 잘하는 사람과 못하는 사람의 차이가 나타난다. 자기 조절을 잘하는 사람은 해당 도전에서 성공한 사람뿐만이 아니라 실패로부터 많이 학습하는 사람이다.

자기 조절 이론은 학습자가 자신을 통제하지 못한 실패와, 통제했지만 원하는 목표를 얻지 못한 실패를 구별한다. 이것을 구별하여 학습해야 각각의 상황에 나은 전략을 세울 수 있다.

이렇듯 자기 조절 학습은 학습자를 외부 정보를 수동적으로 입력하는 존재로 보지 않는다. 학습자가 개인적으로 심리를 통제할 뿐만 아니라 주도적으로 환경을 통제하고 자신의 인지적 자원 등을 관리하며 학습 과정을 이끌며 능동적으로 정보를 처리한다는 것을 강조한다. 이런 맥락에서 관련 연구자들은 자기 주도 학습과 동의어로 쓰기도 한다.

자기 조절 학습은 빠르게 변화하고, 처리해야 하는 정보의 양이 엄청난 현대 정보사회에서 학습자가 수동적으로 입력하지 않고 의미 있게 학습할 수 있는 지침을 제공하기 위해 계속 연구되고 있다.

자기 고양 이론

self-enhancement theory

자기 고양 이론^{self-enhancement theory}은 모든 사람은 다른 사람으로부터 긍정적으로 평가받는 것을 선호한다는 이론이다. 이 주장은 칼 로저스, 캐런 호니^{Karen Horney} 등 초기 성격 이론가로부터 유래했다.

긍정적 평가에 대한 욕구는 자신에 대한 평가로도 연결된다. 사람들은 자신의 능력이 평균적인 사람보다 낫다고 평가한다. 예를 들어 대부분의 운전자는 자신이 평균 이상으로 운전을 잘한다고 평가한다.

자신을 긍정적으로 보면 자존감을 높여서 좋은 효과가 있을 것 같지만 현실에서는 그렇지 않은 경우도 많다. 자기에 대한 평가를 높이기 위해 다른 사람의 능력을 무시하는 전략을 사용할 수도 있다. 자동차 사고를 내고서도 운전 실력이 평균 이상인 자신이 잘못했다기보다는 다른 운전자의 실력이 평균 이하라고 탓하기도 한다. 그러므로 미숙한 기술을 더 진지하게 학습해서 더 나은 운전자가 될 기회를 놓친다.

한편으로는 자기에 대한 평가를 높이기 위해 긍정적 성과를 얻을 가능성이 높은 과제만 선호하게 될 수도 있다. 학생과 사회인 중 일부는 진정 자신의 수준을 고양시킬 수 있고 어려운 일보다는, 그저 자신의 이미지를 높일 수 있는 일에 집중하는 경우가 많다. 새로운 일보다는 기존에 잘했던 일을 조금 변형한 일에만 도전하면 성장을 통한 자기 고양의 기회를 잃을 수 있다.

우리는 자기 고양을 위해 자기 불구화self-handicapping를 하기도 한다. 자기 불구화는 부정적인 결과가 나올 수 있는 도전을 할 때, 실패하면 핑계를 댈 방해물을 미리 만들어내는 것이다. 예를 들어 시험을 앞둔 학생이, 아침에 먹은 것이 체해서 제대로 실력 발휘를 할 수 없을 것이라고 말했다면 자기 불구화에 빠진 것이다. 자기 불구화의 목적은 실패가 아니다. 실패해도 긍정적인 자기의 본래 모습을 지키는 것, 즉 자기 고양이 목적이다.

다른 전략으로는 보상적 자기 고양compensatory self-enhancement이 있다. 보상적 자기 고양은 어떤 일에 대해 부정적 피드백을 받으면, 자존감과 공적 이미지를 좋게 유지하기 위해 그 일과는 상관없지만 긍정적인 자기의 특성을 내세우는 것이다. 예를 들어 미리 목표를 세우고 결심한 대로 공부를 열심히 하지 않아서 시험 성적이 나쁘다는 선생님의 지적을 받았을 때 "그래도 저는 교우 관계는 아주 좋아요"라고 말하는 식이다.

7장

사고

개념

concept

일반적으로 개념^{concept}은 여러 관념에서 공통적이고 일반적인 요소를 추출하고 종합하여 얻은 보편적 관념이다. 심리학에서는 더 구체적으로 '유사한 대상, 사건, 아이디어, 사람 등을 모은 심리적 집단'으로 정의한다. 예를 들어 '의자'의 개념은 유사한 대상인 흔들의자, 책상 의자, 회전의자 등을 모아서 만든 '앉을 수 있는 것'이라는 집단에 해당한다. 물론 각 의자는 특성과 구조가 다르지만 개념적으로는 공통적으로 앉을 수 있는 것이라고 단순화할 수 있다. 인간은 인지 능력의 한계 때문에 단순화해서 사고하는 것을 선호한다.

개념은 심리적 집단을 만드는 것이기에, 어떻게 사물들을 범주로 나누느냐는 범주화 연구와 큰 관련이 있다. 대표적인 것이 바로 원형 이론이다.

원형 이론

prototype theory

원형은 특정 범주의 가장 좋은 본보기 사례를 가리킨다. 예컨대 참새는 펭귄보다 '새'로 범주화할 때 원형에 더 가깝다. 침팬지는 고래보다 '포유류'로 범주화할 때 원형에 더 가깝다.

'전형적인'이라는 표현이 바로 원형을 가리킨다고 할 수 있다. 인간은 어떤 대상이 그 대상이 속한 개념의 원형과 잘 대응할수록 더 쉽게 기억하고 생각을 조작할 수 있다.

원형 이론prototype theory은 본질적으로 개념이 모호한 면이 있다. 그래서 무엇이 원형인지를 정의하기는 힘들다. 날개가 있는 것이 새의 원형이라고 하면, 닭도 새의 범주에 들어가거나, 날개가 퇴화한 새는 새의 범주에 들어가지 못하는 문제가 생긴다. 무엇보다도 사람마다 원형이 다르거나 상대적 비교를 통해 추적할 수 있다면, 그것을 고정된 원형이라고 할 수 있느냐가 문제가 된다.

언어 상대성 가설
linguistic relativity hypothesis

언어 상대성 가설 linguistic relativity hypothesis 은 사피어-워프 가설 Sapir-Whorf hypothesis, 울프 가설 Whorfian hypothesis 로도 불린다.

인간은 언어로 생각한다. 언어는 타인과 의사소통하는 수단일 뿐만 아니라 자기 내부에서 생각을 전개하는 수단이기도 하다. 이런 점에서 언어에 따라 생각이 상대적으로 달라지지 않을까 하는 언어 상대성 가설이 제기되었다.

언어 상대성 가설을 주장하는 학자 중 가장 유명한 인물은 벤저민 리 워프 Benjamin Lee Whorf 다. 그래서 워프의 스승 사피어와 결합하여 사피어-워프 가설이라고도 한다.

워프는 언어가 생각을 지배한다고 주장하고 증거를 제시하기 위해 북극의 원주민인 이누이트의 눈 snow 에 대한 지각을 연구하기까지 했다. 이누이트의 언어에는 다양한 종류의 눈을 표현하는 단어가 많다. 다른 문화에서는 지각적으로 다르지 않아 동일한 눈이라고 생각해도 이누이트는 언어에 따라 각기 다른 눈으로 지각한다. 이런 특성은 덴마크 작가 페터 회의 소설《스밀라의 눈에 대한 감각》에 등장하는 인물의 죽음과 관련하여 주인공이 눈의 모양을 보고 범인을 추적하는 과정에서도 드러난다.

언어 상대성 가설은 문화권에 따라 지지하거나 지지하지 않는 연구 증거가 있어서 논쟁이 이어지고 있다. 언어가 달라도 공통된 생각을 하는 경우가 많기 때문이다. 국제적으로 화제가 되는 사건, 작품들은 언어의 제약을 뛰어넘어 비슷한 생각을 공유하게 한다. 그렇다고 해서 언어 상대성 가설의 증거가 없는 것은 아니다. 러시아어에도 파란색 계열의 명칭이 구별되어 있어서 러시아인들이 색 차이를 더욱 과장되게 지각한다는 것을 증명한 실험 연구도 있다.

언어가 생각에 큰 영향을 주는 것은 사실일 수 있다. 하지만 전적으로 언어가 생각을 통제한다고 주장할 수 있는 근거는 실험적으로 찾기 힘들다. 또한 어느 정도 영향을 주는지 실험적으로 증명하기도 힘들다는 입장이 학계에 널리 퍼져 있어 언어 상대성 가설은 긍정도 부정도 되지 않고 있다.

알고리듬

algorithm

알고리듬algorithm은 특정 과제의 해결책으로 연결되어 있는 논리적 규칙이나 실행 절차를 의미한다.

무엇이 문제이고, 무엇이 문제의 내용이고, 어떤 방법을 써야 하고, 어떤 절차로 그 방법을 사용해야 하는지를 처음부터 끝까지 잘 정의한 문제에는 알고리듬을 적용하는 경우가 많다.

하지만 세상에는 무엇이 문제이고, 무엇이 문제의 내용이며, 어떤 방법을 써야 하는지 등이 잘 정의되지 않은 문제가 더 많다. 그래서 컴퓨터 프로그래머는 알고리듬을 다루지만, 심리학자는 실세계에서 잘 정의되지 않은 문제를 해결하는 방법인 인지 편향을 더 많이 연구한다.

물론 인간도 수학 문제를 해결할 때처럼 알고리듬적 사고를 할 때도 많다. 하지만 대부분의 경우에는 인지 편향의 영향을 더 많이 받는다.

인지 편향

cognitive bias

인지 편향cognitive bias은 휴리스틱heuristic, 발견법, 간편 추론법, 편의법, 주먹구구법 등의 다양한 용어로 불린다. 공통적인 것은 꼼꼼하게 정보를 살펴서 판단하기보다는 간략하게 적은 노력을 들여 판단한다는 느낌을 표현한다는 것이다.

인지 편향은 고전경제학에서 가정하는 이성적 인간관에 맞게 논리적으로 추론해서 판단하는 것이 아니라, 비논리적으로 빠르고 간편하게 판단하는 경향을 뜻한다.

인지 편향은 모든 정보를 완전하게 고려할 수 없는 인지적 제약에서 나온다. 이를 허버트 사이먼은 '제한된 합리성bounded rationality'이라고 정의했다. 즉, 인간은 제한된 시간 안에 제한된 정보를 가지고 제한된 인지 능력으로 제한된 범위 안에서 나름 합리적이라고 생각하는 판단을 내린다.

인지 편향은 아모스 트버스키Amos Tversky와 대니얼 카너먼의 연구를 통해 발전했다. 대표적인 인지 편향은 대표성 휴리스틱과 가용성 휴리스틱, 정박 효과, 확증 편향이다.

대표성 휴리스틱
representative heuristic

대표성 휴리스틱^{representative heuristic}은 어떤 집합에 속하는 임의의 한 특징이 그 집합의 특성을 대표한다고 간주하고 빈도와 확률을 판단하는 방법이다. 대표적인 사례로 '린다 문제^{Linda problem}' 연구가 있다.

카너먼은 실험 참가자들에게 린다라는 여성에 대한 정보를 다음과 같이 제공했다. "린다는 31세의 독신 여성이며, 매우 머리가 좋고 본인 생각을 뚜렷하게 이야기하는 성격이다. 그녀는 철학을 전공했으며, 사회정의와 인종차별 문제에 깊이 관여했고, 반핵 시위에도 참여했다."

이러한 설명 이후 린다가 '페미니스트'일 확률, '은행원'일 확률, '은행원이면서 페미니스트'일 확률을 예측하라고 했다.

흥미롭게도 85퍼센트의 응답자가 페미니스트일 확률이 가장 높다고 대답했다. 그런데 그다음으로는 그저 은행원일 확률보다 은행원이면서 페미니스트일 확률이 더 높다고 응답했다. 은행원이면서 페미니스트인 쪽이 시위 등을 통해 적극적인 사회 참여를 하는 린다 같은 인간형을 잘 대표한다고 생각했기 때문이다. 실제로는 은행원이면서 페미니스트인 것은 페미니스트와 은행원 집단의 공통 집단, 즉 교집합이기 때문에 은행원이기만 할 확률보다 클 수 없다.

하지만 사람들이 특정 집단의 전형이라고 생각하는 상태에 대한 고정관념 때문에 대표성 휴리스틱이 일어나 결국 논리적으로 오류가 있는 판단이 나왔다.

가용성 휴리스틱

availability heuristic

가용성 휴리스틱 availability heuristic은 머릿속에 잘 떠오르는 대상일수록 그 대상이 출현할 가능성을 더 높게 평가하는 현상이다.

영화와 드라마에서 기억상실증에 걸린 사람이 자주 나와서 우리 머릿속에서 잘 떠오르면 기억상실증 환자가 현실에도 많을 것이라 생각한다. 비행기 사고를 뉴스에서 크게 다루어 기억에 잘 떠오르기 때문에 기차 사고보다 비행기 사고가 더 자주 일어난다고 생각하는 것도 가용성 휴리스틱 때문이다.

가용성 휴리스틱은 단순한 빈도 추정만이 아니라 선호도나 평가에도 영향을 미친다. 즉, 반복적으로 노출된 대상에 친숙한 느낌이 들고, 그 느낌을 바탕으로 긍정적으로 평가하는 경향이 나타난다. 가짜 뉴스를 반복해서 접하면 사실이라고 믿게 되는 이유도, 친숙할수록 머릿속에 떠올리기 쉽고, 떠올리기 쉬울수록 더 많은 영향을 받으며, 인지 능력이 제한적이므로 굳이 친숙한 것과 반대되는 증거를 찾거나 대안을 생각하려 하지 않기 때문이다. 이 성향은 '인지적 구두쇠'와 '인지적 게으름' 개념으로도 설명할 수 있다.

인지적 구두쇠

cognitive miser

사람은 누구나 생각하거나 문제를 해결할 때 복잡하고 노력이 필요한 방법보다는 간단하고 노력이 덜 드는 쪽을 선호한다.

'인지적 구두쇠cognitive miser'는 구두쇠가 돈 쓰기에 인색하듯이 인지적 자원을 가급적 쓰지 않으려 하고 노력을 아낀다는 의미다. 이 기본 개념은 인간의 사고와 문제 해결의 특징을 응축하고 있어서 많이 쓰이고 있다.

인지적 구두쇠란 용어는 1984년에 수전 피스크Susan Fiske와 셸리 테일러Shelley Taylor가 처음 사용했다. 이후 현재는 대부분의 심리학 교과서에서 인간의 인지적 특징을 가장 잘 드러내는 일반 용어로 쓰이고 있다.

인지적 게으름
cognitive negligence

사람은 인지적으로 구두쇠일 뿐만 아니라 게으름뱅이이기도 하다. 뇌는 인지적 과부하를 두려워한다. 과부하가 걸리면 내부 신체뿐만 아니라 외부 상황도 통제할 수 없기 때문이다. 그래서 가급적이면 인지적으로 부담되지 않는 방향으로 정보를 처리하려고 한다. 뛰면 걸으려 하고, 걸으면 서려 하고, 서면 앉으려 하고, 앉으면 누우려 하는 식으로 계속 게으른 방향으로 나아가려 한다. 단지 노력을 아끼는 인지적 구두쇠라는 표현과는 다른 방향성의 문제이다.

이러한 인지적 게으름^{cognitive negligence} 때문에 사람들은 자신의 주장이나 생각이 명백히 틀렸다는 증거가 나와도 무시한다. 기존 생각을 고치려면 부지런히 새 정보를 모으고 검토하는 등의 수고를 해야 하기 때문이다. 그래서 기존 생각과 일치하는 정보만 모으고, 자신이 틀리지 않았다며 믿음을 고수한다.

232

복잡성 편향

complication bias

복잡성 편향^{complication bias}은 요소가 단순한 대안과 복잡한 대안 중 복잡한 대안을 선호하는 편향이다.

인지적 게으름에 따르면 인간은 단순한 것을 더 선호할 것 같다. 실제로도 그런 경우가 있다. 자신이 잘 아는 분야에서는 굳이 간단한 답을 놔두고 복잡한 것을 선택하지 않는다. 하지만 잘 모르는 영역이라면 더 복잡한 것을 선호한다. 인지적 게으름 때문에 꼼꼼하게 살피지 않고, '이렇게 복잡하게 말하는 것을 보니 맞겠지'라고 주먹구구식으로 판단하기 때문이다.

복잡성 편향이 가장 많이 작용하는 분야는 바로 음모론이다. 요소가 간단하고 설명이 무척 간명한 음모론은 드물다. 대부분은 낯선 기관, 낯선 인물, 낯선 상황, 복잡한 요소, 난해한 개념, 복잡한 배경 등으로 구성된다. 설명이 복잡해서 이해하기 힘들거나, 너무 복잡한 변수가 맞물려야 해서 발생 가능성이 낮아도 오히려 복잡하기에 더 그럴듯하다고 믿는 사람, 즉 복잡성 편향에 빠지는 사람이 많다는 것을 알기 때문이다.

애플 같은 회사 로고 디자인도 최종 윤곽만 보여줄 때보다는 복잡한 수치와 수식과 각도가 표시된 화면을 보여줄 때 호감도가 증가한다. 실제로 로고 담당 디자이너는 수식이나 수치를 동원하여 디자인하지 않았어도 말이다.

회사 일에서도 복잡한 용어가 들어간 전략일수록 현명해서 성공 가능성이 높은 대안 같고, 간단할수록 무식하고 허점이 많아 실패 가능성이 높게 느껴지기도 한다. 복잡한 것 자체가 문제가 아니라, 복잡하니 더 전문적이고 더 권위적이며 더 그럴듯하고 쉽게 판단하는 경향이 문제를 일으킬 수 있다.

조직에서는 명쾌한 전략보다는 오히려 좋지 않은 전략이 복잡하다는 이유 때문에 조직원의 동의를 더 많이 얻을 수 있다. 이때 동의와 지지는 얻을 수 있지만, 막상 실행하다 보면 복잡성 때문에 실제 성과를 내기 힘들 가능성이 더 높다. 개인적으로 일할 때도 단순한 전략보다는 복잡한 전략을 짜느라 시간과 인지적 자원 등을 더 낭비하는 선택을 할 수 있다.

복잡성 편향에서 벗어나려면 더 간단한 해결책을 찾기 위해 의식적으로 노력해야 한다. 혹은 복잡하게 느껴지는 부분이 있는지를 주변 사람에게 물어서 개인적 인지의 한계에서 벗어날 수도 있다.

비례 편향

proportional bias

.

비례 편향proportional bias은 중대 사건/중대 원인 휴리스틱 major event/major cause heuristic 으로도 부른다.

큰 사건의 배경에는 큰 원인이 작용했을 것이고, 작은 사건은 사소한 원인이 작용했을 것이라고 판단하는 편향이다. 예를 들어 주요 인사가 공식 일정이 아닌 시간에 도로를 걷다가 신호등 신호를 무시한 차에 치이면, 우연히 피해를 입었다고 판단하기보다 배후 세력이 철저한 작전으로 사고를 일으켰다고 판단하는 식이다. 이런 비례 편향이 음모론을 낳기도 한다.

비례 편향에 빠지면 있는 그대로의 사실을 잘 받아들이지 못한다. 어떤 개인의 죽음에도 거대한 사회 시스템의 허점이 작용할 수 있고, 거대한 사건의 배경에도 사소한 실수가 있을 수 있지만, 밝혀진 원인을 믿지 않는다. 이러한 편향을 피하려면 사실이 아닌 믿음과 기대에 의지하여 왜곡된 생각과 판단을 경계해야 한다.

비례 편향은 어떤 사건이든 인과관계를 파악하고자 하는 인간의 기본 인지 특성에서 나온다. 인간은 인과관계를 파악하기 위해 정보를 모으고 체계화하고 해석하는데, 가급적이면 빠르게 정보를 처리하려 한다. 가장 올바른 것을 찾기보다 정보를 빠르게 처리하기 위해서는 인지 부담을 줄여야 하기 때문에 기존 개념과 맞아떨어지는 패턴을 보려고 한다. 그중 하나가 바로 중대 사건에는 중대 원인이 있다는 패턴이다.

큰 사건에 사소한 원인이 있다고 생각하면 사소한 원인들이 될 만한 요소의 집합인 일상을 살 때마다 심적 부담을 느낀다. 사건이 클수록 원인도 심각해진다고 믿으면, 일상에서 느끼는 심적 부담이 상대적으로 적다.

또한 큰 사건에는 큰 원인이 있다고 미리 패턴을 정해놓아야 불확실성이 시작점부터 줄어드는 느낌이 들어 심적 부담이 덜하다. 아직 구체적 원인을 모르지만 커다란 존재일 것이라는 점은 안다는 느낌이, 원인을 전혀 모르겠다는 불확실성에서 오는 부담보다는 낫다. 이렇게 인간이 심적 부담을 줄이는 데 매달리는 이유 중에는 예측에 대한 욕구 외에 통제 욕구도 있다.

사람은 통제받는 것보다 통제하는 것을 선호한다.

불확실성이 가득한 세계에 산다고 생각하면 자신이 무력한 존재임을 느끼는 순간이 많아진다. 하지만 어떤 일이 생기면 자신이 원인을 알 수 있고, 그 원인을 알면 사건의 전말을 이해할 수 있으며, 그 사건이 자신에게 미칠 영향을 통제할 수 있으리라 생각하면 자신이 유능한 존재라고 느낀다.

사람들은 로또 복권의 숫자를 정할 때마저 수학적으로는 그 어떤 선택도 의미가 없지만, 자신이 직접 쓰거나, 꿈에 나온 모양을 따르거나, 운을 믿고 자동 발권을 하는 등의 행동으로 통제하려고 한다.

정리하면, 비례 편향은 '비례'라는 수학적 개념을 사용하지만 실제 수학적으로 타당한 확률적 사고가 아니다. 그저 예측하거나 통제할 수 있다는 믿음을 높여서 마음의 부담을 낮추어 정보를 처리하려는 사고방식이다.

비례 편향은 동양과 서양 문화권에 따라 다르게 나타난다. 캐나다 심리학자 애나 에벨람Anna Ebel-Lam 연구 팀의 2008년 연구를 보면 캐나다인은 비행기 사고의 원인을 판단할 때 비례 편향을 보였다. 즉, 사고가 클수록 원인의 정도도 크다고 판단했다.

2001년 리처드 니스벳 연구 팀이 일본인과 미국인

을 비교 연구한 결과를 보면, 같은 사진을 보여줘도 미국인은 사소한 요소를 무시하고 전면의 중심에 확실히 드러나는 요소에 집중하고 더 잘 기억한다. 반면 일본인은 전체의 맥락에서 사소한 것까지 주의하고, 사소한 것도 잘 기억한다.

서울대학교 최인철 교수 연구 팀의 2003년 연구에 따르면 동양 문화는 서양 문화보다 더 다양한 원인 요소를 고려하고 더 복잡한 인과관계가 있는 설명을 선호한다. 즉, 간명한 비례 편향은 서양 문화에 의지하는 사람일수록 더 강하게 나타낼 수 있다.

비례 편향은 일상에도 큰 영향을 준다. 경제적 파산은 거대한 특정 원인 때문이 아니라 사소하지만 습관적인 지출이 누적되어 생길 수도 있다. 하지만 일반적으로 사람들은 파산할 정도라면 그 배경에 큰 투자 손실이나 사기 피해 등의 사건이 있을 거라고 믿고 주의를 기울이지 않는다. 폐암에 걸릴 정도면 무척 커다란 환경적·유전적 원인이 있을 것이라 생각해서 매일 하는 흡연 정도는 괜찮다고 생각할 수도 있다. 비례 편향에 빠져서 그릇된 선택을 하지 않으려면 시간을 두고 무엇이 더 올바른 판단인지를 꼼꼼하게 따져보는 인지적 노력이 필요하다.

절제 편향
inhibition bias

사람은 자신이 실제보다 충동을 잘 통제할 수 있다고 믿는다. 이 믿음을 절제 편향inhibition bias이라 한다.

한마디로 말해 절제 편향은 과장된 자기 통제력이다. 자신을 과대평가할 때 감당하기 힘든 욕망의 대상과 접촉하면 더 충동적으로 빠질 수 있다.

예를 들어 어떤 사람이 누군가가 건넨 마약을 보고 '다른 사람은 중독까지 가겠지만, 난 원하면 언제든 끊을 수 있어. 그러니 경험 삼아 해보자'라고 하면 절제 편향에 빠진 것이다. 자신의 통제력을 과대평가했으니 실제로 통제하지 못해서 중독에 빠진다.

사람들은 저마다 식욕, 수면욕, 구매욕, 성욕 등에 관한 절제 편향이 있다. 여행을 떠나기 전에는 잠을 적게 자더라도 구경을 더 많이 하자고 결심했더라도, 가이드가 안내하는 음식을 많이 먹거나, 물건을 사거나, 경치고 뭐고 눈을 감고 곯아떨어지기도 하고, 은밀한 유혹에 무릎을 끊기도 한다.

　절제 편향이 생기는 이유는 마음속 두 시스템이 다르기 때문이다. 자신이 어떤 욕구를 통제하려고 할 때는 마음속의 이성적 시스템이 적극 관여한다. 그래서 충분히 절제하겠다고 판단하고, 실제로도 그러겠다고 결심한다. 하지만 막상 해당 욕구를 자극하는 상황에 처하면 이성이 아닌 감성적 시스템이 적극 관여한다. 즉, 완전히 다른 마음이 지배하기에 결심과 다른 행동을 하게 된다.

확증 편향

confirmation bias

확증 편향confirmation bias은 자신의 신념과 일치하는 정보만 인지적으로 비중 있게 다루고, 일치하지 않는 정보는 무시하는 편향이다.

확증 편향의 문제점은 기존 믿음에 맞는 정보만 편향적으로 수용하고 정보를 편향적으로 해석하여 점점 더 기존 믿음을 강화하고 새로운 관점의 정보를 처리하지 않게 되는 것이다.

확증 편향도 인지적 구두쇠와 인지적 게으름 때문에 일어난다. 인간은 인지적 구두쇠여서 가급적 많은 노력을 하지 않고 판단하려 한다. 또한 인지적 게으름 때문에 자신이 알고 있는 것이 가짜 뉴스일 수도 있음을 확인하는 수고를 하지 않고, 믿음에 맞는 가짜 뉴스에 계속 머무는 쪽을 선택한다. 특정 원인으로 일어난 증거만을 모아서 음모론에 더 깊이 빠지기도 한다.

확증 편향에서 벗어나려면 '확신하는 순간 오히려

다시 생각하기'와 '의심하기'를 의도적으로 실행하려는 노력이 필요하다. 지식이 많다고 해서 확증 편향에 빠지지 않는 것은 아니다. 전문가 역시 확증 편향에 빠질 수 있다. 그래서 체크리스트를 통해 스스로 비판적 사고를 하거나 외부의 비판에 개방적 태도를 지니도록 훈련한다. 학술지 논문의 경우 동료에게 리뷰를 받고 수정 사항을 업데이트하여 연구자 자신의 기존 신념과는 다른 정보에 노출되도록 해서 확증 편향에 의해 그릇된 결론을 내리지 않도록 하고 있다.

실험에서 자신이 믿는 원인을 처치하여 효과를 관찰하는 실험 집단만이 아니라 다른 변수가 들어간 대조 집단이나, 아예 아무 변수도 처치하지 않은 통제 집단을 놓고 비교하는 이유도 확증 편향에 쉽게 빠지지 않기 위해서다.

정박 효과

anchoring effect

정박 휴리스틱, 기준점 편향이라고도 하는 정박 효과[anchoring effect]는 문제 해결이나 판단을 할 때 최초에 제시된 기준점에서 생각이 멀리 벗어나지 못하는 현상이다. 마치 배가 닻[anchor]을 내린 곳에서 멀리 벗어나지 못하는 것처럼 말이다.

외국의 시장에서 기념품을 구매하기 위해 협상할 때 판매자가 5만 원을 부르면 그 가격 언저리에서 흥정하는 경우가 대부분이고 5천 원부터 흥정을 시작하지는 않는 것도 정박 효과 때문이다.

상품을 할인 판매하는 백화점은 현재 가격이 아니라 할인 전 가격을 표시한다. 할인 전 가격이 고객에게 생각의 닻인 기준점으로 작용해서 할인 폭을 크게 느끼도록 하기 위함이다.

틀 제시 효과

framing effect

틀 제시 효과^{framing effect}는 프레이밍 효과라고도 한다. 논리적으로 같은 대안도 어떤 틀로 제시하느냐에 따라 선택이 정반대로 일어나거나 변하는 현상을 말한다.

대니얼 카너먼은 1981년 실험으로 틀 제시 효과를 밝혔다. 카너먼은 실험 참가자에게 다음과 같은 문제를 냈다. "미국에서 흔하지 않은 아시아의 질병이 발병한다면 6백 명이 죽을 것으로 예상된다. 이에 대처하기 위해 다음과 같은 두 가지 방법이 제시되었다. 어떤 것을 선택하겠는가?"

프로그램 A 2백 명을 구할 수 있다.

프로그램 B 6백 명 중 3분의 1의 확률로 모두를 구할 수 있다. 그리고 3분의 2의 확률로 아무도 구할 수 없을 것이다.

응답자의 72퍼센트는 A를 선호했다. 사실상 A와 B

는 수학적으로 동일하다. 6백 명 중 2백 명의 생명을 살린다는 말과, 6백 명 중 3분의 1의 확률로 살린다는 말은 동일하게 2백 명을 살린다는 의미다.

카너먼은 다른 집단의 참가자들에게 다음 두 가지 대안 중 하나를 선택하게 했다.

프로그램 C 4백 명이 죽을 것이다.
프로그램 D 3분의 1의 확률로 아무도 죽지 않을 것이고, 3분의 2의 확률로 모두 죽을 것이다.

이 경우에는 78퍼센트의 응답자가 D를 선택했다. A부터 D까지 수학적으로 2백 명이 살고 4백 명이 죽는 것은 똑같다. 다만 사람을 살리는 이득 프레임이냐, 사람을 죽이는 손실 프레임이냐는 점이 달랐다. 즉, 내용을 제시하는 틀에 따라 선택이 달라졌다.

프레이밍 효과는 심리학뿐만 아니라 정치학, 사회학, 마케팅 등 다양한 분야에 쓰이고 있다.

긴급 효과

urgency effect

인간은 이성의 힘을 발휘하여 장기적으로 더 중요하고 이익이 되는 일을 차분하게 따져서 우선순위를 짠다. 하지만 우선순위에 맞게 일상에서 실행하지는 않는다. 당장 긴급하게 해결해야 하는 일을 더 중요한 것처럼 생각해서 매달리고, 원래 우선순위가 더 높은 장기 목표와 관련된 일은 치워둔다. 이러한 현상을 긴급 효과urgency effect라고 한다.

긴급은 긴급일 뿐이지만, 뇌는 긴급하면 중요하다고 착각한다. 원시인 때부터 생존을 위해서 당장의 문제를 일단 해결해야 했던 적응 패턴에 익숙하기 때문이다.

직장인은 중요한 미래 프로젝트 성과와 관련된 일보다는 일상에서 쏟아지는 이메일에 더 집중하여 응답하려고 한다. 바쁘면 나름 능력을 인정받는 느낌이므로 이런저런 긴급한 일을 처리하는 것을 당연하게 여긴다. 그러다 보면 열심히 일한 것 같은데 성과는 별로여서 조직으로부터 C 등급 업무 평가를 받고 억울해한다.

가정에서도 비슷하다. 가족끼리 화목하게 지내기 위해서 공동 활동을 하는 게 좋다는 것을 알아도 당장 눈앞에 쌓인 재활용쓰레기와 물건들을 치우느라 교류를 멈추기도 한다. 가족을 위해서 그때그때 중요한 일을 열심히 했다고 생각했는데 실제로는 화목하지 않아서 허무함을 느낀다.

물론 긴급한 것은 긴급한 것이므로 가급적이면 대처해야 한다. 하지만 그 문제만 해결하려고 모든 인지적 자원을 쓰면 정작 중요한 문제를 키우고 해결이 힘들어진다.

긴급 효과를 막으려면 긴급한 일을 하면서도 이것이 중요한 일은 아니라고 초인지를 통해 검토할 필요가 있다. 그리고 중요한 일에 방해된다면 과감하게 적당히 대응하는 선택도 필요하다.

긴급 효과에서 벗어나려면 중요한 일에도 기한을 정하는 전략이 필요하다. 눈앞에 보이는 일만 중요한 것은 아니다. 장기적으로 이익이 되는 일도 중요하기 때문이다. 하지만 지금 당장 떨어진 일은 명확한 기한이 있어서 일단 빨리 해결하려고 달려드는 긴급 효과에 빠지기 쉽다. 그러므로 장기적 목표를 세부 단위로 나누고 단위별로 기한을 정하고, 눈앞의 일과 세부 단위의 일 중 더 중요한 쪽에 집중하고 덜 중요한 일은 덜 노력하는 방안이 필요하다. 그래야 중요한 일이 뒤로 밀리지 않으면서 계속 성취감을 느낄 수 있다.

세부 단위별 목표를 정하고 기한을 정해도 인간은 인지 능력의 한계 때문에 우선순위를 잊고 긴급 효과에 빠질 수 있다. 그러므로 자주 볼 수 있는 스마트폰 바탕화면, 메모장 등에 우선순위를 적어놓을 필요가 있다.

긴급 효과를 방지하는 가장 체계적인 대응법은 아이젠하워 매트릭스를 사용하는 것이다. 이 방법은 처리할 일이 다음 네 가지 영역 중 무엇에 더 가까운지를 확인하는 습관을 들이는 것이다.

첫째, 중요하고 긴급한 일이다. 당연히 여기에 더 많은 시간과 노력을 들여야 한다.

둘째, 중요하고 긴급하지 않은 일이다. 이것은 꼭 하기는 해야 하니 계획을 세우거나 수정해서 기한에 맞추어야 한다.

셋째, 중요하지 않고 긴급하지 않은 일이다. 이러한 일은 자신보다는 다른 사람이 맡도록 조율해야 한다. 그래야 중요한 일에 더 집중할 수 있다.

넷째, 중요하지도 않고 긴급하지도 않은 일이다. 이런 일은 조직을 위해서나 개인을 위해서나 도움이 되지 않으니 없애려고 노력해야 한다. 없애지 못하면 최소화해야 한다.

지능

intelligence

지능[intelligence]은 한마디로 인간의 지적 능력이다. 심리학적으로는 '경험을 통해 학습하고, 문제를 해결하며, 지식을 사용하여 새로운 상황에 적응하는 능력'으로 정의한다.

지능은 그저 학문적으로 똑똑하다는 것만 의미하는 것이 아니다. 다양한 상황에 대한 적응력, 새로운 정보처리를 원활하게 할 수 있는 지식 활용 능력 및 학습 능력을 종합적으로 포함한다. 이러한 능력은 문화 특수적이므로 아마존 밀림의 부족이 선호하는 적응력과 지식 활용 능력 및 학습 능력은 한국인이 선호하는 지능과 다를 수 있다.

지능은 학업 성취와 같은 결과물이 아니다. 잠재력이나 준비 정도에 더 가까운 개념이기 때문이다. 이런 점에서 지능을 '학습 준비도'로 표현하기도 한다.

지능이 높으면 수행을 더 잘할 가능성이 있다는 것일 뿐, 이미 적응을 잘했고 지식 통합과 학습을 이뤘다는

251

뜻은 아니다. 또한 지능은 후천적 경험과 학습을 통해 변화할 수 있다는 면에서 선천적 재능과는 다르다.

일반 지능

general intelligence

지능을 연구한 찰스 스피어먼 Charles Spearman 은 사람이 단 하나의 일반 지능 general intelligence 을 지닌다고 믿었다. 그래서 하나의 일반 지능이 공부도 하고, 요리도 하고, 자동차도 운전하는 등의 모든 행동의 구심점이 된다고 주장했다.

스피어먼은 지능검사 중 하나의 영역에서 높은 점수를 얻은 사람이 다른 영역에서도 높은 점수를 얻을 확률이 높다는 것을 발견했다. 어휘력 점수가 높으면 언어 능력 점수도 높았다. 하지만 유사한 영역이 아닌 다른 능력 범주 간에는 상관관계가 낮았다. 즉, 어휘력이 매우 뛰어났다고 해서 수학적 문제 해결력의 점수가 높지는 않았다. 하나의 일반 지능으로 언어 영역도 해결하고 수학 영역도 해결하기 때문에 이런 결과가 나온다고 스피어먼은 생각했다.

통계 처리를 통해 지능검사의 여러 항목을 군집화한 스피어먼은 지능을 두 가지로 나누어 설명했다.

첫째인 일반 요인^{general factor}은 모든 지적 활동에 포함되는 단일한 지적 능력이다. 특별히 g 요인이라고 표기하기도 한다. 둘째인 특수 요인^{specific factors}은 특정 과제 수행과 관련된 구체적 능력이다.

스피어먼은 인간의 지능이 일반 요인과 특수 요인으로 구성된다고 보았다. 현대 심리학자들은 그의 일반 요인설을 대체로 지지하고 있다. 달리기를 잘하기 위해 단련한 다리 근육이 공을 멀리 던지는 데 도움이 되고, 발차기할 때도 더 강한 힘을 낼 수 있는 것처럼, 각각의 과제는 달라도 일반적으로 통용될 수 있는 요소가 있다고 생각한다. 특히 뇌과학이 발달함에 따라 뇌를 자세히 관찰한 결과, 두뇌 신경망들이 협응하면서 다양한 능력이 필요한 과제들을 수행하게 하는 현상을 발견한 사례도 일반 요인을 지지하는 증거가 되고 있다.

다중 지능

multiple intelligence

다중 지능^{multiple intelligence}은 인간에게 하나가 아니라 여러 가지 지능이 있다고 보는 입장이다. 대표적인 다중 지능 연구자로는 하워드 가드너^{Howard Gardner}와 로버트 스턴버그 ^{Robert Jeffrey Sternberg}가 있다.

가드너에 의하면 인간에게는 음악 지능, 신체 운동 지능, 논리 수학 지능, 언어 지능, 공간 지능, 대인관계 지능, 자기 이해 지능 등 적어도 여덟 가지의 지능이 있다. 가드너는 수학 지능은 뛰어나지만 신체 운동 지능은 떨어지는 사람, 신체 운동 지능은 뛰어나지만 운전을 하지 못할 정도로 공간 지능은 떨어지는 사람 등에 대한 다양한 사례 연구를 통해 인간에게는 저마다 다른 지능이 있다고 생각했다.

가드너의 다중 지능 이론은 지지 증거가 있지만 실험으로 증명한 것이 아니기에 비판도 많이 받는다. 특히 일반인을 대상으로 한 연구보다는 자폐아나 뇌의 특정 부위가 손상된 환자를 대상으로 수집한 자료를 활용한 결과여서 일반화하기 힘들다는 비판이 있다. 또한 신체 운동 지능을 능력이 아니라 진짜 지능이라고 할 수 있느냐는 개념 비판도 제기되었다.

하지만 교육 현장에서는 인간에게는 다양한 지능이 있고 그 지능을 개발시켜주면 개인에게 더 좋을 수 있다는 믿음으로 가드너의 이론을 크게 환영하고 있다.

다른 다중 지능 이론으로는 스턴버그의 삼위일체 지능 이론이 있다. 그는 지능이 세 가지로 구성되어 있다고 주장했다.

첫째는 분석적 지능analytical intelligence으로, 정보와 문제에 대한 이해, 분석, 대조, 평가와 관련 있다. 어떤 사람은 창의력이나 실행력이 높지 않아도 분석력은 좋다. 스턴버그는 이런 경험적 사례를 통해 분석적 지능을 도출했다.

둘째는 창의적 지능creative intelligence이다. 이 지능은 그저 엉뚱한 것을 생각하는 능력이 아니라, 어떤 문제를 새로운 관점에서 현실적으로 해결하기 위해 아이디어를 만드는 것이다. 스턴버그는 주로 분석력을 요구하는 학업 과제는 잘 수행하지 못해 성적이 낮아도, 창의적으로 똑똑하게 문제를 해결하는 사람들의 사례를 통해 창의적 지능의 존재를 생각했다.

셋째는 실용적 지능^{practical intelligence}이다. 주어진 일상이나 상황에 맞게 문제를 실용적으로 잘 해결하는 지능이다. 한마디로 실전과 현장에 강한 지능이다. 매뉴얼을 분석하여 문제점을 잘 찾는 분석적 지능이나 매뉴얼 자체를 새로 만드는 창의적 지능과는 달리 주어진 매뉴얼을 잘 따라서 수행하는 지능이다.

스턴버그는 실용적 지능은 행정부에 해당하고, 분석적 지능은 문제점을 찾는 사법부에 해당하며, 창의적 지능은 새로운 법을 만드는 입법부에 해당한다고 설명했다. 입법, 사법, 행정이 삼위일체를 이루듯 세 가지 지능이 인간의 지적 활동을 위한 삼위일체 지능이라고 주장했다.

스턴버그의 다중 지능 이론 역시 개념적 서술일 뿐, 과학적 실험 등으로 검증되지 않았다는 점에서 비판을 받고 있다. 또한 그는 자신의 이론과 일치하는 사례를 모아서 지지 증거로 활용할 뿐, 반대되는 증거에 대한 보완적 설명을 내놓지 않았다. 즉, 연구 자료가 확증 편향에 빠져 있어서 객관성을 확보하기에는 미흡하다. 그럼에도 불구하고 일반적으로 확인할 수 있는 개념으로 지능을 분류했기 때문에 교육 현장에서 활용되고 있다.

지능검사
intelligence test

지능검사^{intelligence test}는 지능을 측정하기 위한 검사이다.

지능검사를 통해 나온 지능 점수가 바로 IQ^{Intelligence Quotient}이다. 예전에는 공식을 활용하여 IQ를 산출했지만 지금은 개인의 수행과 동년배 집단에 포함된 타인의 수행을 비교하여 산출한다.

지능검사 중 대표적인 것은 웩슬러 지능검사이다. 아동용(6~15세)과 성인용(16세 이상)으로 나뉜다. 일반적으로 측정 가능한 범위는 IQ 40~160이다. 따라서 통계 측정 특성상 40 미만과 160 이상은 측정 불가로 판정된다.

지능검사 점수의 평균은 100점이고, 100점 이상은 평균 이상이다. IQ 점수 분포도에 의하면 하위 2.3퍼센트가 70점 이하를 얻고 상위 2.3퍼센트만이 130점 이상을 얻는다.

흔히 IQ와 학업 성취에 상관관계가 있다고 생각한다. 실제로 IQ가 높은 사람이 교과목 성적도 좋지만, 높은 학업 성적의 직접적인 원인이 지능이라고 볼 수는 없다. 교사의 수준, 주위 동료와의 상호작용, 가족의 지지, 경쟁자의 상태 등 다른 요인들도 영향을 미칠 수 있다.

또한 지능검사는 학교에서 보는 시험과 비슷한 부분이 많아서 결국 같은 종류의 시험을 두 번 본 것이나 마찬가지기에 상관관계가 높게 나타났을 수도 있다. 따라서 지능이 높으면 학업 성취도 높다고 인과론처럼 해석하지 않도록 조심해야 한다.

지능은 후천적으로 바뀔 수는 있지만 유전의 영향을 받는다. 유전적으로 가까운 일란성 쌍둥이의 IQ가 이란성 쌍둥이보다 더 유사한 것이 그 증거이다.

창의성
creativity

창의력은 창발력, 창조력, 창조성으로도 표현한다.

창의성 creativity 을 연구한 대표적 학자 중 한 사람인 폴 토런스 Paul Torrance 의 정의에 따르면 창의성은 아이디어나 가설들을 세우고 검증한 후 그 결과를 전달하는 과정이다. 로버트 스턴버그는 새롭고, 질적으로 수준 높으며, 적절한 산물을 생산해내는 능력으로 창의성을 정의했다. 일반적으로 인식하는 엉뚱한 생각을 할 줄 아는 능력과는 거리가 있다.

창의성 연구자들은 두 가지 사고 형태를 자유롭게 오갈 수 있어야 창의성을 발현할 수 있다고 주장한다.

첫째는 발산적 사고 divergent thinking 이다. 많은 아이디어와 가능성을 찾아내고 독특한 아이디어를 추출하도록 대안을 가급적 늘리면서 문제를 해결하는 생각 방법이다.

둘째는 수렴적 사고 convergent thinking 이다. 지식과 정보, 아이디어를 분석하며 계속 파고들어 대안을 줄이는 방식으로 문제의 해결책을 만들어내는 생각 방법이다.

다양한 창의성 개발 기법이 있지만, 발산적 사고와
수렴적 사고를 더 촉진한다는 점은 공통적이다.

기능적 고착

functional fixedness

기능적 고착^{functional fixedness}은 독일 출신의 심리학자 카를 덩커^{Karl Duncker}의 1945년 양초 실험 연구로 유명해진 개념이다.

양초 실험 연구는 다음과 같다. 탁자 위에 양초 하나, 압정 한 상자와 성냥을 두고 실험 참가자들에게 '양초를 벽에 붙이되 촛농이 바닥에 떨어지지 않도록 하라'라고 지시했다. 참가자들은 이 문제를 푸는 것을 힘들어했다. 하지만 압정 상자에서 압정을 쏟아 상자와 분리해놓으면 사람들은 어렵지 않게 그 상자를 양초 받침대로 놓고 압정을 꽂아 벽에 고정해 문제를 해결했다. 즉, 압정 상자가 압정을 담는 용기라는 고정된 생각에서, 받침대가 될 수 있는 가능성을 보는 좀 더 열린 생각을 하도록 했을 때 문제를 해결했다.

덩커의 실험에서 확인된 것처럼 기능적 고착은 한 대상이나 물건을 기존 방식으로만 사용하도록 한정하여

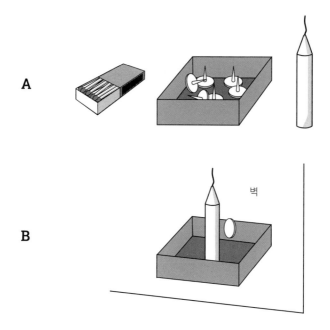

생각하는 인지 편향이다. 이후 심리학에서는 창의성에
대한 과제로 양초 실험 문제를 활용해왔다.

2012년 토니 매캐프리Tony McCaffrey가 시행한 연구도
덩커의 문제를 변형한 것이다. 매캐프리는 실험 참가자
들에게 두 개의 반지와 양초, 성냥, 작은 쇳덩어리를 주었
다. 그리고 이것들을 이용하여 서로 강하게 고정하라는
과제를 주었다.

대부분의 실험 참가자가 촛농으로 반지를 고정하려

다가 포기했다. 양초를 태우면 촛농이 나오고, 촛농이 굳으면 뭔가를 붙일 수 있다는 기능적 고착에 빠졌기 때문이다. 하지만 해결책은 그 기능적 고착에서 벗어날 때 얻을 수 있다.

양초에서 심지를 분리한 뒤, 심지를 노끈처럼 이용해 반지들을 묶으면 된다. 그리고 주어진 요소인 작은 쇳덩어리까지 꼭 사용해야 한다는 고정관념에서도 벗어나야 창의적 해결책을 얻을 수 있다.

때로는 창의성 자체도 기능적 고착이 될 수 있다. 즉, 창의성 개발 기법이라도 그것을 발산적 사고와 수렴적 사고로 변형하지 않고 무조건 따르려고 하면 오히려 창의성을 키우지 못할 수 있다.

최근 브레인스토밍이 실제로 창의성을 촉진하지는 못한다는 연구 결과가 많이 제시되고 있다. 그 원인은 집단 상호작용에서 다양한 의견을 내놓는 부담감 외에, 이미 하나의 확고한 위치를 차지한 브레인스토밍이 원칙과 절차를 강조하면서 그 자체에 대한 기능적 고착이 형성되었기 때문일 수도 있다.

8장

성격

성격

personality

성격^{personality}은 개인이 안정적으로 보이는 특징적 생각, 감정, 행동, 반응 패턴이다.

안정적으로 보이는 패턴이기에, 평소 집에 혼자 있는 것을 좋아하는 사람이 어느 날 밖에서 다른 사람들과 식사하며 웃는 행동을 했다고 해서 성격이 외향적이라고 하지는 않는다.

성격에 대한 이론 중 대표적인 것은 정신 역동 이론, 인본주의 이론, 특질 이론, 유형론이다.

방어기제

defense mechanism

정신 역동 이론은 프로이트의 연구를 발전시켜 형성되었다. 인간 행동을 의식과 무의식의 역동적 상호작용으로 설명한다는 의미에서 정신 역동이라는 이름이 붙었다. 정신 역동 이론은 무의식의 욕망인 이드와 의식 영역의 초자아의 요구를 중간에 있는 자아가 조율하는 결과로 인간이 행동한다고 봤다.

그런데 때로는 자아가 이드와 초자아의 요구를 제대로 통제하지 못할 것이라는 두려움에 휩싸인다. 이때 자아는 현실 왜곡으로 두려움을 감소시켜 방어하려 한다고 정신 역동 이론가들은 주장한다. 자아가 자기를 방어하려는 전략이 바로 방어기제defense mechanism이다. 방어기제는 의식적인 것이 아니라 무의식적으로 작동하는 특성이 있다.

어떤 방어기제를 지니고 있느냐에 따라 개인의 행동이 달라진다. 그것이 그 사람 고유의 성격으로 여겨질 수 있다.

방어기제는 미성숙한 방어기제와 성숙한 방어기제로 나뉜다. 미성숙한 방어기제는 부정과 투사 등등으로 다양하다.

부정^{denial}은 위협적인 현실을 아예 무시하는 것으로 불안을 방어해보려는 방어기제이다. 예를 들어 연인과 이별했는데도 자신은 아직 이별한 것이 아니라 여전히 사랑하는 사이라고 부정하는 것처럼 말이다.

투사^{projection}는 자기 내부의 받아들일 수 없는 것들을 다른 사람의 특성으로 돌려버리는 방어기제이다. 예를 들어 자신이 부정한 방법을 써서라도 남보다 더 돈을 벌고 싶고 권력을 갖고 싶어 하면서도, 다른 사람이 그렇게 돈을 벌고 권력을 쥐려고 하는 것을 욕하는 것이다.

억압^{repression}은 의식하기에는 너무나 고통스럽고 충격적이어서 무의식적으로 억눌러버리는 방어기제이다. 예를 들어 자신이 좋아하던 사람에게 갑자기 차인 아픔을 직면하기 싫어서 아예 생각조차 하지 않으려 하는 것이다. 참고로 그렇게 차인 일 자체가 없다고 부정하는 것과는 다르다.

합리화^{rationalization}는 부정적인 현실에서 도피하기 위해 그럴듯한 구실을 붙이는 방어기제이다. 이솝 우화에 등장하는 여우와 신포도 이야기가 합리화에 해당한다. 예를 들어 소개팅에서 마음에 든 사람과의 추가 약속이 잘되지 않았다면 '어차피 성격상의 이유로 더 만나봤자 잘 안됐을 거야'라면서 현재의 상처가 오히려 더 나쁜 결과를 낳을 수도 있는 위기를 막은 것처럼 포장하는 것이다.

주지화^{intellectualiztion}는 정서적으로 충격받은 일을 이성적으로 생각하여 그 충격을 회피하려 하는 방어기제이다. 영화 〈굿 윌 헌팅〉에서 로빈 윌리엄스가 연기한 상담 교수가 "너의 잘못이 아니야"라고 말하자 맷 데이먼이 연기한 주인공이 어깨를 으쓱거리면서 "나도 알아요"라고 말하는 것이 주지화이다. 주지화의 방어기제를 뚫기 위해 상담 교수는 여러 번 같은 말을 반복했고, 결국 주인공은 과거의 상처와 마주하며 오열한다. 거꾸로 말하면 엄청난 정서적 충격을 피하려 이성적으로만 상처를 분석하고 정리하며 방어한 것이었다.

고착^{fixation}은 성격 발달의 단계 중 어느 한 단계에 머물러 다음 단계로 나아가지 않음으로써 다음 단계에서 경험할 수도 있는 부정적인 일, 혹은 어떤 일을 경험할지 몰라서 생기는 불안에서 벗어나려 하는 방어기제이다.

예를 들면 학교나 유치원에 간 아이가 그곳 규칙을 따라야 하지만, 집에서 하던 행동 방식을 고집하면서 발달을 거부하는 것이다. 이런 고착은 어른이 되어서도 많이 나타난다. 취업한 직장인이 자기 일을 더 책임감 있게 처리해야 하지만, 부모에게 근태 문제를 대신 고지하고 조율하게 하면 고착을 의심해야 한다. 혹은 자신을 아직도 학생의 정체성을 가진 존재로 생각해서 회사 동료를 또래 집단으로 보거나 상사를 선생님으로 간주하는 등 자신에게 주어진 과업을 해결하는 직장인으로 성장하는 것을 거부하면 고착에 해당한다.

퇴행 regression은 예전의 발달 단계로 후퇴하는 방어기제이다. 예전에 익숙했던 단계로 돌아가면 현재의 고통과 미래의 불안이 무의식적으로 해결된다고 여겨서 퇴행이 일어난다. 예를 들어 유치원에 들어가서 의젓하게 행동하던 다섯 살 아이가 동생이 태어나자 자기도 우유병으로 우유를 먹고 아기처럼 우는 소리를 내거나 신생아용 장난감을 가지고 놀려고 하는 것이 퇴행이다.

한편 성숙한 방어기제로 대표적인 것은 바로 승화 sublimation이다. 승화는 사회적으로 용납될 수 없거나 실행했을 때 처벌이 두려운 것을 사회적으로 용납된 생각이나 행동으로 표현하는 방어기제이다. 예를 들어 독재자를 노골적으로 욕하면 처벌받을 수 있으니 은근하게 풍자하는 것이 승화이다. 청소년이 부모님에게 받은 스트레스로 공격성이 증가했지만 복수심에 부모를 때리는 것은 사회적으로 용납될 수 없으니 운동으로 풀어버리는 것도 좋은 예다.

자아 고갈
ego depletion

미국 심리학자 로이 바우마이스터가 주장한 개념인 자아 고갈^{ego depletion}은 뇌가 인지 과부하 상태에 놓여서 자기 통제 능력이 감소한 상태를 말한다.

바우마이스터는 애초에 자기 통제와 관련된 자아의 능력이 매우 한정적이기 때문에 자아 고갈이 나타난다고 주장한다. 유혹이 강해서가 아니라 자기 통제력이 약한 게 문제라는 입장이다.

바우마이스터는 의지력을 연료에 비유한다. 자동차가 화끈하게 질주해서만이 아니라 계속 공회전해도 결국 연료가 바닥나는 것처럼, 무언가를 자제하겠다고 계속 생각하고 실행하려 노력하는 것만으로도 자아 고갈이 나타날 수 있다. 그러니 자기 통제력에 의지하여 무조건 욕망을 억압하려고 하면 결국 자아 고갈에 빠질 수 있다고 경고한다.

바우마이스터는 자아 고갈을 증명하기 위해 실험 참

272

가자를 두 집단으로 나눴다. A 집단에게는 맛있는 냄새가 나는 초콜릿 칩 쿠키 옆에서 무를 먹도록 했다. B 집단에게는 무를 먹도록 지시했다. 무는 서양에서 선호하는 음식이 아니기에 두 집단 모두 먹기가 고역인 것은 똑같다. 하지만 A 집단에는 일반적으로 선호하는 음식인 초콜릿 칩 쿠키에 대한 유혹이 있다는 것이 차이점이었다. 실험 결과 A 집단의 참가자들이 B 집단보다 훨씬 빨리 무 먹기를 포기했다. 또한 A 집단의 포기자 수는 B 집단의 2배를 넘었다.

자아 고갈 이론도 그저 자기 통제력을 사용하면 사라진다고 단순하게 주장하지는 않는다. 소진된 자기 통제력은 보충된다. 하지만 소진하는 속도가 보충 속도보다 빨라서 결국 자아 고갈에 이른다.

자아 고갈을 적극적으로 활용하는 곳은 광고 업계이다. 기업들은 유혹적인 광고를 반복한다. 사고 싶지만 의지력으로 참고 있는 소비자에게 노출시켜 자아 고갈을 일으키고, 자기 통제력이 없어졌을 때 구매하도록 유도하기 위해서다.

자아 고갈에 빠지지 않기 위해서는 몇 가지 전략이 필요하다.

첫째, 유혹을 느끼지만 참아야 하는 상황에 스스로를 노출시키지 않는 습관을 들여야 한다. 금연을 결심한 사람이 욕망을 완전히 잠재우기 전에 굳이 휴식 시간에 흡연자들이 끽연하며 수다 떠는 공간으로 피로를 풀러 가지 않는 것처럼 말이다.

둘째, 좋은 식습관을 가져야 한다. 포도당 결핍은 자기 통제력을 더 빨리 고갈시킨다. 포도당은 탄수화물 대사의 중심적 화합물로서 에너지원으로 분해된다. 자기 통제력이 만들어지는 뇌에서도 포도당 에너지원을 사용한다. 적절한 에너지원이 없으면 그만큼 자기 통제력도 쉽게 떨어진다. 공복일 때 예민하게 반응하는 것과, 포만감이 들 때 너그럽게 반응하는 것을 비교해봐도 쉽게 확인할 수 있다. 패스트푸드처럼 혈당지수가 높은 음식을 섭취하면 자아 고갈 주기가 더 짧아질 수 있으니 영양가 있는 음식을 먹는 식습관을 가져야 한다.

셋째, 좋은 휴식 습관을 가져야 한다. 수면이 부족하면 포도당 활성화 과정이 방해받아서 자기 통제력이 더 빨리 소진된다. 수면을 충분히 취하고, 피로하면 쉬는 습관을 가져야 한다. 잘 쉬고, 충분히 자고, 좋은 음식을 먹은 상태에서는 갑자기 유혹에 빠져 후회할 행동을 할 가능성이 높지 않다. 반대로 사람들이 배고프고 졸리고 피곤한 야심한 시간에 유혹에 무릎 꿇는 경우가 많음을 참고해야 한다.

넷째, 의지력을 키우는 규칙적인 습관을 실행하는 것이다. 자신이 어떤 유혹을 느꼈지만 어떤 방법으로 이겨냈는지를 일기에 쓰는 것도 좋다. 건강한 마음은 건강한 몸에서 나오니, 규칙적인 운동으로 의지력을 키워도 좋다. 무엇이 되었든 유익한 습관을 들이고, 자신이 그것을 의지를 가지고 실행하는 사람이라고 계속 확인하면 더 강해진 자아로 유혹에 저항할 수 있다.

다섯째, 스트레스를 줄이는 생각을 하는 것이다. 스트레스는 뇌를 피곤하게 한다. 가급적 긍정적인 면을 보려고 노력해야 한다. 어떤 목표 달성에 실패했다면 스트레스만 받을 게 아니라, 무엇을 새롭게 배웠고, 다시 도전할 때 필요한 어떤 실행 지침을 얻었는지를 생각해보는 식으로 긍정적인 부분에 집중하면 의지력을 키우는 데 좋다.

인본주의 성격 이론

인본주의 성격 이론은 부정적인 면보다는 건강한 개인적 성장 잠재력에 비중을 두고 성격을 바라보는 것이다.

매슬로가 자아실현 욕구를 추구하는 존재로 인간을 봤듯이, 인본주의 이론가들은 사람은 누구나 자기 잠재성을 추구하고자 하는 동기와 능력을 가질 수 있다고 봤다. 칼 로저스는 좋은 성격을 형성하여 성숙한 인간으로 성장하려면 세 가지 요소가 있어야 한다고 주장했다.

첫째는 무조건적인 긍정적 존중이다. 즉, 실패한 것을 알고 있어도 자신을 가치 있게 대하는 태도가 필요하다.

둘째는 진실성이다. 자신의 감정을 솔직하게 드러내야 한다.

셋째는 공감성이다. 자신의 감정을 공유하고 다른 사람의 의도를 받아들여야 한다.

인본주의 이론들은 나중에 긍정심리학이 발달하도록 도왔다는 의의가 크지만 비판도 받고 있다.

첫째는 로저스가 제안한 세 가지 요소는 과학적으로 검증된 것이 아니라 임의로 선정한 것에 가깝다는 것이다.

둘째는 인간은 성격이 선한 인간이 될 잠재력만 있는 것이 아니라 사악해질 잠재력도 있음을 무시했다는 것이다. 실제로 현실에는 세계 평화를 깨뜨리는 전쟁, 환경 공해, 자연 착취, 테러, 혐오와 차별 등을 일으키거나 지지하는 사람도 있기 때문이다.

특질 이론

trait theory

특질trait은 행동, 또는 느끼고 행동하는 성향의 특징적 패턴이다.

영국 심리학자 한스 아이젱크Hans Jurgen Eysenck와 시빌 아이젱크Sybil Eysenck는 성격 특질을 두 가지 차원으로 분류했다.

첫째는 외향성–내향성 차원이다. 외향성은 사교적이고 활동적이고 개방적인 것과 연관된 특질이다. 내향성은 조용하고 수동적이고 비사교적이고 조심스러운 것과 연관된 특질이다.

둘째는 정서적 안정성–불안정성 차원이다. 정서적 안정성은 침착하고 근심 없으며 평정심 있는 것과 연관된 특질이다. 정서적 불안정성은 변덕스럽고 성마르며 불안한 것과 연관된 특질이다.

MMPI도 대표적인 특질 성격검사이다.

흔히 빅 5big five라고 알려진 성격의 5대 요인 이론, 그리고 여섯 개 요인으로 성격 특질을 나눈 헥사코 이론도 특질 이론trait theory에 해당한다.

성격의 5대 요인

성격 이론을 종합하여 성격을 기술하는 요인 중에는 연구자들이 동의하는 다섯 가지 요인이 있다. 개방성, 성실성, 외향성, 우호성, 정서적 안정성이다. 영문 머리글자를 따서 OCEAN 모델이라고도 부른다.

첫째는 경험에 대한 개방성openness to experience이다. 상상력, 호기심, 모험심과 관련된 성향이다. 다양성 추구, 고정관념 타파 등으로, 기존의 것에 안주하는 것과 반대되는 특질이 있다.

둘째는 성실성conscientiousness이다. 목표를 성취하기 위해 성실하게 노력하는 성향이다. 규칙 준수, 계획 세우기, 준비와 노력 등과 같은 특질이 있다.

셋째는 외향성extraversion이다. 사교, 자극과 활력을 추구하는 성향이다. 사회성, 활동성, 적극성과 같은 특질이 있다.

넷째는 우호성agreeableness이다. 타인에게 우호적인 태도를 보이는 성향이다. 이타심, 애정, 신뢰, 배려, 겸손 등과 같은 특질이 있다.

다섯째는 신경성[neuroticism]이다. 다른 요소와 다르게 부정적인 명칭이라는 비판에 '정서적 안정성'이라는 용어로 대치되기도 한다. 분노, 우울함, 불안감 같은 불쾌한 정서를 쉽게 느끼는 성향이다. 걱정, 두려움, 슬픔, 긴장 등과 같은 특질이 있다.

성격의 5대 요인은 각각 반대되는 척도를 가지고 있다. 개방성이 높을수록 폐쇄성이 적고, 불성실할수록 성실성이 적고, 외향성 점수가 높을수록 내향성 점수가 낮은 식이다. 유형론처럼 어떤 사람은 개방적이라고 유형을 나누는 것이 아니라 그 정도를 표시한다는 점이 크게 다르다.

또한 모든 유형이 좋은 단어로 표현되는 MBTI와 다르게 성격의 5대 요인 검사의 결과에는 부정적인 표현이 쓰일 수도 있다. '불성실한 정도가 크다', '정서적 불안정성이 높다'처럼 말이다. 그래서 일반인에게는 부정적 표현이 쓰이고 학문적으로 타당한 성격검사보다는 긍정적 단어로 유형을 나눈 MBTI가 더 매력적으로 보이기에 인기가 높다. 심리학자들은 이 점을 걱정하며 더 매력적이면서도 타당한 검사를 만들려고 노력하고 있다.

참고로 5대 요인에 정직-겸손성 차원을 추가한 6대 요인 이론도 있다. 이 이론은 헥사코^{HEXACO} 성격 이론이라고도 한다.

MBTI

성격 이론 중에는 특질로 성격의 정도를 표현하는 것이 아니라 범주별로 나누는 유형론이 있다. 대표적인 것이 사람의 성격을 16가지로 나누는 MBTI이다.

MBTI는 마이어스–브릭스 유형 지표Myers-Briggs Type Indicator라고도 한다. 캐서린 브릭스Katharine C. Briggs와 이저벨 브릭스 마이어스Isabel Briggs Myers 모녀가 융의 책을 읽고 자신과 남편 등 가족과의 성격 차이를 설명하고 싶어 만든 것이 MBTI의 시작이었다.

모녀는 정식으로 심리학 훈련을 받지 않았다. 이들이 참고한 정신분석학자 융도 성격 자체를 과학적으로 연구한 것은 아니었다. 이들은 융의 책을 읽고 임의로 내향성 또는 외향성, 감각 또는 직관, 사고 또는 느낌, 판단 또는 지각의 네 가지 범주를 지정해서 성격을 분류했다.

모녀의 작업 이후 여러 심리학자가 문항을 수정하고 해석 매뉴얼을 만들며 정교화하기는 했지만, 아직까지 유형 간의 차이에 대한 데이터는 공개하지 않고 있다.

　　각 유형으로 나눌 수 있으려면 응답자의 유형 간 차이가 있는 자료가 뒷받침되어야 한다. 그런데 사실은 통계적으로 유의한 차이가 없어서 공개하지 못하는 것 아니냐는 의심을 받고 있다. 예를 들어 공부를 잘하는 학생과 못하는 학생을 두 집단으로 나누려면 각 집단의 평균이 통계적으로 달라야 한다. 만약 차이가 없다면 두 집단을 나누는 것은 의미가 없다.

　　마찬가지로 감각 또는 직관이라는 차원에 대한 응답자의 응답이 점수 차는 있지만 대부분은 중간 지점을 중심으로 몰려 있는 수준인데 억지로 집단을 나눈 것 아니냐는 비판도 제기되었다.

　　또한 어떤 검사 결과를 믿을 수 있으려면 반복해서 비슷한 결과를 얻어야 한다. 성격은 안정적인 고유의 반응 패턴이기에 커다란 사건, 사고를 당하지 않는 한 한 달 만에 결과가 바뀔 가능성이 무척 적다. 그럼에도 MBTI는 같은 사람이 단기간 안에 다시 검사해도 예전과 다른 유형의 결과가 나오는 경우가 많다.

　　한편 MBTI가 애초에 성격을 재는 검사가 아니라는 비판도 있다. MBTI 문항은 자신에 대한 자신의 생각을 주로 묻는다. 실제로는 직관적인 부분이 많지만, 자신이 감각적이라고 생각하면 검사 결과는 감각적인 성향으로 나오게 되어 있다. 즉, 성격검사가 아니라 자기 인식 검사에 더 가깝다는 비판이다.

사람들은 자신이 원하는 성격이 나올 때까지 MBTI를 반복해서 검사하기도 한다. 심지어 거짓말로 응답해서 원하는 유형에 맞추기도 한다. 그래서 성격검사가 아니라 자기 선호도 검사라는 비판도 있다.

심리학자 로버트 호건Robert Hogan이 "대부분의 성격심리학자는 MBTI를 정교한 중국의 포춘 쿠키와 다름없다고 여긴다"라고 말했을 정도임에도 불구하고 대중 사이에 인기가 높다. 빅 5 성격검사나 헥사코 검사처럼 복잡하지 않고, 포춘 쿠키처럼 간단하고 재미있게 즐길 수 있기 때문이다. 하지만 심리학자들은 MBTI를 포춘 쿠키 정도가 아니라 너무 몰입해서 즐기면 자신을 잘못 이해하고, 심리학적으로 타당한 도구로 진정한 자기를 찾을 기회를 날릴 위험성이 있으니 오락거리나 참고 자료 이상으로 오용하지 않기를 경고하고 있다.

탈개인화

deindividuation

탈개인화^{deindividuation}는 한 개인이 집단 속에 있을 때 자신의 개인적 특성, 성격, 행동에 대한 통제가 약화되어 개인적으로 있을 때와는 다른 모습이 나타나는 현상을 말한다.

탈개인화가 되면 개인적 정체성에 대한 생각, 개인적 가치관과 성격 등을 고려하지 못하고 집단의 흐름에 좌우된다. 자신이 누구인지, 어떤 가치관과 믿음을 가지고 있는지, 다른 사람에게 어떻게 보이는지 등을 생각하지 못하는 순간 선동에 휩쓸리기 쉽고, 집단의 이름 뒤에 숨은 익명성 속에서 자신의 성격이나 가치관과 반대되는 짓을 벌이기도 한다.

예전 연구는 탈개인화를 통한 반사회적 행동의 문제에 집중했다. 이에 비해 최근 연구는 개인적 특성보다 집단의 정체성을 우선시하는 현상으로서의 탈개인화를 다루고 있다. 즉, 반사회적 행동을 하지 않아도 다른 사람이 보든 보지 않든 해당 집단의 규범에 따라서 행동하는 현상을 연구한다.

　　최근 연구 흐름을 보면 탈개인화는 개인적 정체성보다 사회적 정체성으로 행동하는 현상으로 개념화할 수 있다. 예를 들어 온라인 사이트에서 닉네임을 쓰거나 익명인 상황에서 딱히 집단의 압력을 받는 것도 아닌데 특정회사의 구성원, 특정 공동체의 일원, 특정 지역 출신으로서의 정체성을 충실하게 따르는 것도 탈개인화이다. 이러한 연구 모델을 탈개인화 효과에 관한 사회적 자아 정체성 모델social identity model of deindividuation effects, SIDE이라고 한다.

자기 검증 이론

self-verification theory

자기 검증 이론^{self-verification theory}에 따르면 우리는 자신에 대해 지니고 있는 이미지 그대로 타인도 바라봐주기를 바라는 욕구가 있다. 또한 자기 자신이 어떤 사람인지에 대한 일관된 생각이 있으며, 타인으로부터 자신의 자아 개념과 일치하는 인식을 얻으려는 동기를 지니고 있다.

예를 들어 자신이 지적이고 논리적인 사람이라고 생각하면, 타인도 그렇게 바라봐주기를 바라면서 다양한 지적 화제를 논리적으로 말하려 한다. 그리고 다른 사람이 자기가 바라는 대로 보고 있는지 확인하려고 '참 쉽게 이해하기 힘든 지적인 내용이지 않나요?'라거나 '전제에 따라 몇 가지 추리를 했는데 어떤가요? 논리가 맞나요?'라는 식으로 말하는 등 대화라기보다는 지적인 토론으로 몰아가기도 한다.

자신이 외향적이라고 생각하는 사람은 일부러 행사에 자주 참여하고, 남들이 그런 자신을 외향적이라고 알아주는지를 '내가 이런 모임 즐기는 사람인 거 알지?'라는 식으로 확인하려고 한다.

자기 검증 이론은 사람들이 자신에 대한 생각에 따라 어떤 특징이 있는 행동을 더 강화하는지를 설명할 때 유용하다.

9장

사회심리

귀인

attribution

귀인^{attribution}은 '어떤 대상 탓으로 원인을 돌린다'는 뜻이다. 자신이나 타인의 행동, 사건의 원인을 어떻게 생각하느냐는 문제가 바로 귀인이다.

귀인은 사람마다 다르게 나타난다. 예를 들어 회사에 지각했을 때 자신이 부지런하지 못한 것을 원인으로 생각할 수도 있고, 교통체증을 탓할 수도 있고, 건물 1층에서 엘리베이터 문을 매몰차게 닫은 다른 사람의 냉정함을 탓할 수도 있다.

귀인 이론에 따르면 귀인은 크게 두 가지로 나눌 수 있다.

첫째는 내적 귀인으로, 기질적 귀인이라고도 한다. 앞의 지각 사례에서 자신의 게으름을 탓하거나 다른 사람의 냉정한 성격을 탓하는 것처럼 심리 내부적 측면에서 사건의 원인을 찾는 것이다.

둘째는 외적 귀인으로, 환경적 귀인이라고도 한다.

교통체증, 날씨 등의 상황과 같은 외부 요인에서 원인을 찾는 것이다.

성장에 도움이 되는 귀인 성향이 있는 사람은 어떤 과제에서 성공하면 그 원인을 자신의 능력과 노력에 귀인한다. 그래서 다음 과제도 잘해낼 능력이 있다는 유능감과 의지를 다짐으로써 실제로도 성공 가능성을 높인다.

하지만 성장에 도움이 되지 않은 귀인 성향이 있는 사람은 성공을 해도 자신이 운이 좋았거나 과제 난이도가 낮아서 좋은 결과가 나왔다고 원인을 찾는다. 그래서 자존감이나 유능감이 높아지지 않고 오히려 상황 덕분이라면서 외부의 도움에 더욱 신경 쓰며 비주체적인 삶을 산다.

기본적 귀인 오류

fundamental attribution bias

근본적 귀인 오류라고도 하는 기본적 귀인 오류[fundamental attribution bias]는 다른 사람의 행동, 특히 부정적 사고가 벌어졌을 때 그 사람의 기질적 요인에 많은 비중을 두고 원인을 찾는 오류이다. 따라서 상황적 요인은 과소평가하고 기질적 요인은 과대평가한다.

어떤 사람이 지각하면 갑작스러운 교통사고로 인한 체증 등의 상황적 요인이 원인이 되었을 가능성도 고려하기보다는, 기질적으로 게을러서 그렇다고 쉽게 결론 내는 것이 기본적 귀인 오류이다. 이 오류에 '기본적'이라는 단어가 쓰인 이유는 그만큼 사람들이 기본적으로 자주 범하기 때문이다.

그런데 자신에게 벌어진 부정적 사고에 대해서는 기본적 귀인 오류가 반대 방향으로 일어난다. 자기 내적 요인에는 책임이 없고 외적 요인에 책임이 있다고 귀인하는 것을 자기 배려 편향[self-serving bias]이라고 한다. 카페에서

차를 마시고 있는데 다른 테이블에서 컵을 깨뜨리면 그 사람의 부주의한 성격을 탓하는 기본적 귀인 오류를 보이지만, 자기가 컵을 깨뜨리면 미끄러운 테이블 표면이나 약한 컵의 견고성, 컵을 잡을 때 주의 집중을 잘하지 못하게 수다를 떤 상대방 탓을 하는 등의 자기 배려 편향을 보인다.

공정한 세상 가설

just-world hypothesis

공정한 세상 가설^{just-world hypothesis}은 세상이 공정하게 돌아간다는 믿음으로, 귀인에 영향을 미친다. 즉, 어떤 사람이 특정 결과를 얻은 것은 그럴 만한 정당한 이유가 있기 때문이라는 믿음이다.

기본적 귀인 오류가 나타날 수 있는 것도 그 사람이 그런 일을 당하는 것은 정당한 이유가 뒤에 있기 때문이라는 믿음이 작용해서다.

공정한 세상 가설은 우리의 마음을 편안하게 하는 장점이 있다. 세상이 공정하다고 믿으면 공정하지 않다고 믿을 때보다 덜 불안하다. 그래서 많은 사람이 공정한 세상 가설을 믿는다. 하지만 실제로는 공정하지 않은 일도 많이 일어나는 게 현실이다. 억울하게 누명을 쓰거나, 자기 잘못이 아닌데도 피해를 입거나, 자신의 의지와 다르게 운명이 바뀌기도 한다. 공정한 세상 가설은 그런 현실의 문제점을 무시하게 만드는 위험이 있다.

무엇보다도 어떤 사람이 비극적 사건을 당하거나, 예측 불가능한 재난이나 끔찍한 사고의 희생자가 되었을 때 그 책임을 당사자들에게 쉽게 돌리는 문제를 만들기도 한다. 따라서 희생당했을 때 위로하기보다는 그럴 이유가 있다고 피해자를 공격하게 하는 심리적 바탕이 되기도 한다.

학습된 무기력

learned helplessness

학습된 무기력^{learned helplessness}은 말 그대로 반복되는 경험을 통해 무기력을 학습하는 현상이다.

고통스럽거나 혐오스러운 자극을 반복적으로 견뎌내는 가운데 자신이 아무리 노력해도 벗어나지 못하는 상황이 계속되면 새로운 상황을 만들기 위해 도전하지 않고 그저 받아들이는 것을 뜻한다.

연구자들은 학습된 무기력 개념이 나오기 전에는 개인적 성향 때문에 무기력에 더 쉽게 빠진다고 생각했다. 이후 제시된 학습된 무기력은 인간의 무기력한 행동을 설명할 수 있기에 연구 초기부터 큰 반향을 일으켰다.

학습된 무기력은 지금은 긍정심리학으로 유명한 미국 심리학자 마틴 셀리그먼이 1967년에 개를 대상으로 연구하여 유명해졌다.

셀리그먼은 개를 세 집단으로 나눴다. 첫 번째 집단의 개는 일정 기간 동안 묶어놓았다가 자유롭게 풀어주었다. 두 번째 집단의 개는 전기충격을 가하되 개가 지렛대를 누르면 전기충격이 멈추도록 했다. 즉, 개가 자기 통제를 학습하도록 했다. 세 번째 집단의 개들에게는 두 번째 집단이 받는 충격과 동일한 강도와 지속성을 지닌 충격을 가했다. 그리고 지렛대를 눌러도 전기충격을 멈출 수 없게 만들었다. 즉, 무기력을 학습하게 했다.

셀리그먼은 이렇게 세 집단이 각기 다른 조건을 경험하게 한 다음 낮은 장벽을 이용하여 다른 실험을 진행했다. 그는 방의 중간을 낮은 장벽으로 막았다. 이후 첫번째 집단과 두 번째 집단의 개들에게 전기충격을 가하자마자 개들은 낮은 장벽을 뛰어넘어 다른 공간으로 도망갔다. 하지만 세 번째 집단의 개들은 포기하고 낑낑거리며 전기충격을 받았다. 심지어 장벽 너머 끝에 음식을 놓아서 흥미를 끌어도 이들 대부분은 움직이지 않았다. 다른 개들이 뛰어넘는 것을 보게 하거나 위협을 가하거나 보상을 바꿔도 무기력은 나아지지 않았다.

엄마가 아기를 양육할 때 아기가 울면 어떻게든 울음을 멈추게 하려고 최선을 다한다. 하지만 어떤 행동을 해도 아이가 울음을 멈추지 않으면 아예 아무 시도도 하지 않고 손을 놔버리는 것도 학습된 무기력 사례 중 하나이다.

인간을 대상으로 한 뇌과학 실험에서도 학습된 무기력을 확인할 수 있었다. 연구자들은 소음이 들리는 방에 실험 참가자를 노출시켰다. 참가자 중 일부는 소음을 끄는 버튼을 조작할 수 있었다. 이들은 무기력과 우울에 해당하는 뇌 부위가 활성화되지 않았다. 하지만 어떤 버튼을 눌러도 소음을 끄지 못하는 조건에 있던 참가자는 우울과 무기력 부위가 활성화했다.

심리학자 버나드 웨이너 Bernard Weiner 는 귀인 이론 관점에서 학습된 무기력을 설명했다. 웨이너는 전반성/특정성 globality/specificity, 안정성/불안정성 stability/instability, 내부성/외부성 internality/externality 세 측면으로 귀인을 나누었다.

전반적 귀인 global attribution 은 어떤 부정적 사건의 원인이 다른 상황에서도 지속될 것이라는 믿음이다. 셀리그먼의 실험에서 세 번째 집단의 개들은 상황이 바뀌어 낮은 장벽이 설치되어도 자신이 전기충격을 못 벗어날 것이라고 여기고 포기했다.

특정적 귀인 specific attribution 은 어떤 부정적 사건의 원인은 특정 상황에만 해당한다는 믿음이다. 힘든 일을 당해도 다시 도전할 수 있는 이유는 이번 상황은 계속되는 것이 아니라 예외적이며, 다시 자신이 열심히 하면 다른 상황을 만들 수 있다는 믿음 때문이다. 즉, 전반적 귀인이 아니라 특정적 귀인을 지녀야 학습된 무기력에서 탈출할 수 있다.

안정적 귀인stable attribution은 원인이 시간을 따라 지속된다는 믿음이다. 자신을 괴롭히는 사건의 원인이 계속될 것이라 믿으면 학습된 무기력에 더욱 잘 빠진다. 만약 어떤 과제에 실패해서 다른 과제를 부여받았는데 상황이 바뀌어도 늘 존재해온 자신의 능력 부족이 불행의 원인이라고 생각하면 학습된 무기력에서 탈출하기 힘들다.

불안정적 귀인unstable attribution은 원인이 그때그때 어느 한 시점에만 특정하다는 믿음이다. 지난번 과제를 실패하게 만든 능력 부족은 그 과제에만 특수한 세부 능력 부족 문제에 해당하고, 이번에 부여된 과제에서는 다른 능력을 발휘하면 된다고 생각하면 학습된 무기력에서 탈출할 가능성이 높아진다.

외부적 귀인external attribution은 상황적 혹은 외부적 요인에서 원인을 찾는 것이다.

내부적 귀인internal attribution은 개인 내부에서 원인을 찾는 것이다. 학습된 무기력에 적게 빠질 수 있는 방법은 긍정적 결과에 대해서는 내부적 귀인, 부정적 결과에 대해서는 외부적 귀인을 하는 것이다.

부정적 결과를 경험했을 때 전반적 귀인, 안정적 귀인, 내부적 귀인을 하면 학습된 무기력에 빠질 위험이 높아진다. 반대로 특정적 귀인, 불안정적 귀인, 외부적 귀인을 하면 학습된 무기력을 예방하거나 치료할 가능성이 높아진다.

동조

conformity

동조[conformity]는 집단의 압력으로 인한 행동 혹은 태도의 변화이다. 단순히 타인의 행동을 따르는 것이 아니라, 다른 사람의 의견을 따라서 자신의 행동과 태도를 변화시키는 것이다.

동조는 다수 의견에 관한 압력으로 자발적인 행동 및 태도 변화를 보이는 현상이다. 이에 비해 순응[compliance]은 속으로는 동의하지 않지만 겉으로는 다른 사람의 의견과 일치하는 행동과 태도 변화를 보이는 현상이다. 응종이라고도 한다.

동조 연구에서 가장 유명한 것은 솔로몬 애쉬[Solomon Asch]의 선분 실험이다. 애쉬는 의도적 반응 왜곡을 막기 위해 시각 실험이라고 공지하고 실험 참가자를 모았다. 그리고 참가자에게 하나의 선이 그려져 있는 카드를 보여줬다. 그다음에는 그 선과 길이가 똑같은 선이 포함된 총 세 개의 선이 있는 카드를 보여줬다. 그리고 길이가 동

301

일한 선을 두 번째 카드에서 선택하도록 했다. 이 비교 과제는 쉬웠기 때문에 참가자가 혼자 있었을 때는 정답률이 99퍼센트였다.

　하지만 집단 상황에서 다른 참가자^{(실은 실험자의 의뢰를 받고 연기}
하는 협조자)들 중 최소 세 명 이상이 명백하게 틀린 답을 이야기하자 원래의 정확한 답이 아닌 틀린 답을 선택하는 동조가 일어났다. 여러 번 반복한 실험에서 66~75퍼센트가 동조 때문에 틀린 답을 말했다. 하지만 실험 협조자 중 단한 명이라도 다른 답을 말하면 오답률이 25퍼센트 감소했다. 집단의 만장일치가 동조에 아주 중요하다는 점을

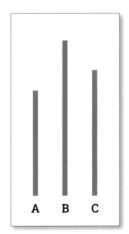

밝힌 결과였다.

심리학자 체스터 인스코^{Chester Insko}의 연구에 따르면 다수에 동조하는 이유는 크게 두 가지이다.

첫째는 살면서 다수의 선택이 옳았던 경험이 많기 때문이다. 자신의 신념에 확신이 없거나 정보가 부족한 사람들은 다수가 더 많은 정보를 알고 확신할 이유도 있을 것이라 추론해서 다수 의견을 쉽게 따른다.

둘째는 집단의 배척에 대한 두려움 때문이다. 인간은 사회적 존재이고, 매슬로의 욕구 위계에서도 소속에 대한 욕구는 중요한 기본 욕구 중 하나이다. 집단의 다수 의견과 다른 의견을 내놓으면 이질적인 존재로 낙인찍혀 관계가 불편해질 것을 두려워하는 습성이 동조를 낳을 수 있다.

복종
obedience

복종^{obedience}은 순응 중 자신에게 직접적으로 내려진 명령이나 지시를 따르는 현상이다. 자발적으로 행동과 태도를 변화시키는 것이 아니라, 군대나 회사에서처럼 '명령이니까 한다'며 지시대로 행동과 태도를 변화시킨다면 복종이라 할 수 있다.

복종에 관한 대표적 연구는 바로 스탠리 밀그램^{Stanley Milgram}의 실험이다. 밀그램이 이 실험의 비윤리성을 지적받아 학교에서 해임되고 학회에서도 일정 기간 학자로서의 활동이 금지되기도 할 정도로 절차와 결과 모두 충격적이었다.

밀그램은 제2차 세계대전과 이후 전쟁 등에서 사람들이 비윤리적인 명령에도 복종하는 이유를 검증하고 싶었다. 그래서 복종에 대한 실험이라고 솔직하게 밝히며 참가자를 모집하지 않고 '징벌에 의한 학습 효과'를 측정한다고 공지해서 20대에서 50대에 이르는 다양한 연령대의 참가자를 모았다. 밀그램은 두 명씩 짝을 맺게 하고 한 명에게는 교사 역할, 다른 한 명에게는 학생 역할을 부여했다. 그리고 학생 역할의 참가자를 의자에 묶고 전기충격 장치를 연결했다. 이후 교사 역할의 참가자가 학생에게 문제를 내고는, 학생이 틀리면 전기충격을 가할 수 있도록 했다.

사실 학생 역할을 하는 참가자는 의뢰받은 배우였고, 전기충격 장치도 가짜였다. 즉, 교사 역할을 하는 사람들만 진짜 참가자였다.

실험자는 권위 있어 보이도록 흰색 가운을 입고, 진짜 실험 참가자인 교사가 학생들을 테스트한 후 학생이 문제를 틀릴 때마다 15볼트부터 시작하여 450볼트까지 한 번에 15볼트씩의 전기충격을 가하라고 지시했다. 밀그램은 교사들이 전압을 높이는 과정에서 보이는 태도를 면밀하게 관찰했다. 전압을 올릴지 말지 고민하면 '계속 진행하라', '당신에게 다른 선택지는 없다', '모든 책임은 내가 진다'라며 전압을 올릴 것을 강요했다.

실험 참가자의 65퍼센트는 사람이 죽을 수도 있는 450볼트까지 전압을 올렸다.

밀그램은 참가자들이 특별히 사악해서 치명적인 명

령을 수행한 것이 아니라는 점에 주목했다. 하얀 가운을 입고 권위 있어 보이는 사람이 강압적으로 계속 명령하니까 복종한 결과였다. 철학자 한나 아렌트의 주장처럼 '악의 평범성'이 심리학적으로도 확인되었다.

실험 절차는 참가자에게 죄책감을 심어줄 수 있을 정도로 윤리적 고려 없이 극단적으로 설계되었지만, 큰 시사점을 주었다. 평소에는 도덕적 행동과 태도를 보이는 많은 사람이 권위에 굴종할 가능성이 크다는 점이다.

최근에는 밀그램의 실험을 다르게 해석하기도 한다. 35퍼센트의 실험 참가자들은 명령을 끝까지 거부했다. 약 세 명 중 한 명은 권위에 굴종하지 않고 도덕적 선을 선택했다. 그리고 추적 연구를 통해 밝혀진 바에 따르면 65퍼센트에 포함된 사람들 중 일부는 대학교에서 사람을 죽이는 실험을 할 것이라 생각하지 않고 그저 지시에 순응했다고 인터뷰했다. 즉, 모두가 권위에 복종하는 것은 아니며, 복종하지 않을 사람도 많다고 생각해볼 수 있다.

한편 밀그램의 실험은 오히려 연구 윤리가 강화되는 계기가 되었다. 현대 심리학계는 여러 윤리 지침을 만들어 밀그램이 시도한 것과 같은 실험을 엄격하게 금지하고 있다.

집단 사고

group think

집단 사고 group think 는 개인이 집단 가운데 있을 때 혼자 있을 때와는 다르게 생각하는 것을 가리킨다. 자신의 원래 의견이 달랐거나 아직 뚜렷한 의견을 생각하지 않았어도 다른 조직원들의 의견을 획일적으로 따르려 하고, 설령 누군가 다른 의견을 제시해도 의견 일치를 유도하여 비판적인 생각을 하지 않으려 하는 것이다.

미국 사회심리학자 어빙 재니스 Irving Janis 는 집단 사고를 '응집력 높은 집단의 사람들이 만장일치를 추진하기 위해 노력하며, 다른 사람들이 내놓은 생각들을 뒤엎지 않으려 하는 상태'로 정의한다.

집단 사고에 빠지거나 권위에 복종하면 끔찍한 일을 벌이기도 한다. 나치 독일의 유대인 학살이나 난징대학살 당시 일본군이 벌인 1백 인 참수 경쟁, 관동대지진 때의 조선인 학살처럼 개인이라면 하지 않을 극악한 일을 집단의 구성원으로서 저지른다.

집단 사고를 일으키는 이유는 여러 가지이다.

첫째는 집단의 응집력이다. 응집력이 높을수록 만장일치에 대한 압력이 강하고, 서로의 성향이 비슷하고 서로 의견을 말하지 않아도 잘 이해한다고 생각해서 집단 사고가 더 쉽게 일어난다.

둘째는 외부와의 교류이다. 집단이 외부와 격리되어 있을수록 다른 의견을 접할 기회가 없고, 폭넓은 토론을 할 수도 없어 집단 사고가 잘 일어난다. 사이비 종교 교주가 신도들을 외부와 격리하려 하는 이유도 집단 사고를 통해 더 쉽게 조종하기 위해서이다.

셋째는 지시적인 리더십이다. 집단의 리더가 온화하고 개방적이라면 다양한 의견을 개진할 수 있어 집단 사고가 잘 일어나지 않는다. 하지만 리더가 강압적으로 특정 방향을 지시하며 조직을 운영하면 구성원들이 비판적 의견을 내지 않고 집단 사고에 빠지기 쉽다.

심리학자들은 집단 사고에 빠지지 않기 위한 방법도 연구했다.

첫째, 악마의 대변인devil's advocate 역할을 할 사람 지정하기이다. 집단의 다수 의견과 다른 비판적 의견을 계속 내놓을 구성원을 지정하여 회의 시간이나 평소에 적극 활동하도록 리더가 격려하면 집단 사고가 줄어든다.

둘째, 집단 외부의 인물과 교류하며 집단 안의 의견이 건전한지를 확인해야 한다.

셋째, 외부의 객관적 전문가를 초빙해서 문제점 진단이나 추천 사항에 귀 기울여야 한다.

넷째, 리더는 먼저 지시하지 않고 다양한 의견을 청취하는 자세를 보여야 한다. 그리고 되도록 특정 의견을 선택하려 하기보다는 여러 의견을 절충하는 자세를 보여야 특정하거나 획일적인 생각을 막을 수 있다.

집단 극화
group polarization

집단 사고의 형태 중 하나인 집단 극화group polarization는 집단 내의 토론 과정에서 구성원들이 점차 극단적 주장을 지지하는 현상이다.

예를 들어 특정 성별을 혐오하는 집단에 소속된 사람이 원래는 심한 성차별주의자가 아니었지만 의견을 말할 기회가 많아질수록 극단에 가까운 차별적 언어와 행동을 하는 것이다. 집단 극화는 구성원 개개인이 혼자 있을 때는 하지 않을 극단적 표현과 행동을 하게 한다는 점에서 문제가 있다.

집단 극화의 원인은 다양하다.

첫째, 사람은 소속에 대한 욕구가 있기에 자기가 속한 조직의 의견에 맞게 행동하려고 한다. 집단의 의견과 일치하면 자신이 내집단이라고 생각하고, 의견과 일치하지 않으면 외집단으로 배척받을 것이라는 두려움 때문에 확고하게 내집단임을 보여주려고 한다.

둘째, 사람은 인정 욕구가 있기 때문에 집단에서 존재감을 확실히 하고 싶어 한다. 그래서 다른 사람들에 비해 입장이 더 확고하다는 인정을 얻기 위해 극단적 주장도 불사한다. 다른 구성원도 그 모습에 자극받아 더 극단적으로 표현하고 행동하는 식으로 서로 극화를 촉진하여 집단 극화가 심해진다.

셋째, 토론 과정에서 약간 극단적인 주장에 설득되고 동조하여 자신의 동조 사실을 남들에게 확인시켜주려고 적극적으로 표현하다 보면 극단적으로 흐를 수도 있다.

소셜 네트워크 서비스는 집단 극화를 더 부채질한다. 관심사나 배경이 유사한 사람끼리의 연결이 잘 유지되기 때문이다. 사람들은 그 안에서 존재감을 드러내기 위해 생각을 과장해서 표현하기도 한다. 이에 따른 집단 극화로 인해 더 극단적인 표현들이 등장한다.

한국이나 미국 등의 민주주의 국가에서는 선거와 투표 때마다 집단 극화가 심해진다. 평소 특정 정치가나 사안에 대한 의견이 극단적이지 않았더라도, 선거와 투표가 진행되고 자신이 어느 쪽의 집단에 속한다고 범주화하면 소속 욕구, 인정 욕구, 동조의 영향 등으로 점점 극단적인 의견에 가까워진다.

집단 극화 역시 집단 사고 중 하나이기 때문에 집단 사고에 대한 해결책으로 나아질 수 있다.

공동체 감각

social interest

정신분석학자 출신의 개인주의 심리학자 알프레트 아들러의 핵심 개념인 공동체 감각^{social interest}은 '나는 가치 있고, 다른 사람에게 공헌하고 있다'라고 느끼는 감각이다.

정의에서 확인할 수 있듯이, 공동체 감각에는 자기만이 아니라 다른 사람에 대한 관심이 필수적이다. 자신이 소속된 공동체만이 아니라, 다른 사람의 삶에 영향을 주는 공동체에도 관심을 갖다 보니, 아들러에 따르면 공동체 감각은 우주까지 확대될 수 있다. 공동체 감각을 가지려면 사람과 사람의 관계가 수평적이어야 한다. 그래야 다른 사람을 인정하고 존중할 수 있다.

사회적으로 인정받아야 하는 인재는 개인적 이익에만 관심을 갖는 게 아니라 사회적 가치를 고려하는 공동체 감각이 있어야 한다고 아들러는 강조했다. 그는 만약 공동체 감각이 없고 개인적 능력만 키운다면 오히려 사회에 해로운 행동을 할 수 있다고 경고했다.

공동체 감각을 지니려면 자기 수용, 타자 신뢰, 타자 공헌이 필요하다. '자기 수용'은 바꾸지 못하는 일들을 받아들이는 차분함과, 바꾸지 못하는 것과 바꿀 수 있는 것을 분별하며 바꿀 수 있는 용기를 뜻한다. '타자 신뢰'는 상대와 수평적 관계를 맺음으로써 인간관계를 통해 진정한 즐거움을 느끼는 것이다. '타자 공헌'은 공동체에 헌신함으로써 자신의 가치를 실감하는 것이다. 이 세 가지를 통해 공동체 감각을 가져야 건전한 사회인으로서 역할을 다할 수 있다.

사회적 촉진

social facilitation

사회적 촉진^{social facilitation}은 혼자일 때보다 타인과 있을 때 과제를 더 잘 수행하는 경향이다. 타인이 있을 때 과제 수행이 더 나빠지는 것은 사회적 저하^{social impairment}라고 한다. 다른 사람의 존재를 강조하는 의미에서 이 둘을 합하여 '관중 효과'라고도 한다.

심리학 연구에 따르면 이미 숙달된 일은 다른 사람이 있을 때 더 잘한다. 하지만 아직 서툰 일은 다른 사람이 있으면 수행 정도가 낮아진다. 또한 인지적으로 아주 복잡한 과제를 하는데 다른 사람이 있으면 긴장되고 주의 집중력이 분산되어 수행이 떨어진다. 단순한 과제는 금세 숙달할 수도 있어 수행이 좋아진다.

숙달되거나 단순한 과제에서 타인의 존재가 더 효과적인 이유는 그 존재 자체가 생리적 각성을 일으켜 더 강력한 에너지로 더욱 능력을 발휘할 수 있기 때문이다. 한편 사회적 촉진은 개인 과제에만 적용된다.

사회적 태만

social loafing

사회적 태만^{social loafing}은 링겔만 효과^{Ringelmann effect}라고도 한다. 개인 과제와 달리 여러 구성원이 협동해야 하는 과제에서 타인이 많을수록 수행 정도가 낮아지는 현상이다.

링겔만 효과는 그 개념을 처음 제안한 농업공학자 막스 링겔만^{Max Ringelmann}의 이름에서 따왔다. 협동 과제에 참여하는 사람이 많아질수록 책임이 분산되고 무임승차할 가능성이 늘어나 오히려 전체 수행이 떨어지는 현상이다.

링겔만은 1913년 줄다리기, 수레 끄는 맷돌을 돌리는 등의 집단 작업 시의 1인당 성과를 수치화했다. 연구 결과에 따르면 한 명의 힘을 1백 퍼센트로 볼 때 두 명의 경우 93퍼센트, 세 명에서는 85퍼센트, 네 명에서는 77퍼센트, 여덟 명에서는 거의 절반인 49퍼센트 정도로 협동 과제에 참여하는 사람이 많아질수록 1인당 투입하는 힘이 감소했다. 집단이 커질수록 1인당 공헌도가 떨어지는 현상인 링겔만 효과는 사회심리학 실험으로도 증명되었다.

1979년 빕 라탄$^{Bibb\ Latane}$은 실험을 진행하며 참가자들에게 소리 지르거나 손뼉을 치도록 했다. 측정 결과에 따르면 참가자 둘을 짝지었을 경우 혼자일 때의 82퍼센트, 셋 이상이면 74퍼센트 정도만 소리 내는 식으로 1인당 공헌도가 낮아졌다.

예를 들어 조별 과제에서 구성원이 늘어날수록 개개인에게 따로 과제를 수행시켰을 때의 총합보다 낮은 수행을 보인다면 링겔만 효과가 일어난 것이다.

링겔만 효과는 네 가지 조건이 있을 때 더 잘 나타난다.

첫째는 자신이 노력하지 않아도 피해가 없을 때이다. 둘째는 자신의 기여가 필요없다고 생각할 때이다. 셋째는 자신이 노력하거나 노력하지 않거나 받는 보상이 똑같을 때이다. 넷째는 자신이 잘해도 보상이 다른 사람과 차이가 없을 때이다.

그러므로 링겔만 효과를 줄이려면 업무 배분을 명확히 하고, 책임과 성과에 따른 상벌 제도를 제대로 갖춰야 한다.

인지 부조화
cognitive dissonance

인지 부조화^{cognitive dissonance}는 사람들이 자신의 행동과 태도가 일치하지 않는다고 느끼는 불균형 상태이다.

미국 심리학자 레온 페스팅거^{Leon Festinger}가 똑똑한 사람들이 사이비 종교에 빠지는 이유를 연구하여 밝힌 개념이 바로 인지 부조화이다.

만약 꺼림칙하게 생각했던 어느 종교 단체의 모임에 나가서 옆 사람이 하라는 대로 박수를 쳤다면 인지 부조화에 빠질 확률이 높다. 부정적 태도와 박수라는 긍정적 행동의 부조화는 불쾌감과 불안감을 안겨준다. 그 부정적 감정을 없애기 위해 이미 저지른 행동을 바꿀 수는 없으니, 어떤 사람은 자신의 부정적이었던 태도를 긍정적으로 바꿔서 긍정적 행동과 일치시킨다. '생각했던 것보다 그렇게 이상한 곳은 아니네'라는 식으로 말이다. 자신이 똑똑하다고 생각할수록 바보같이 사이비 종교에 당했다는 것을 인정할 수 없다. 오히려 다른 사람들이 이 종교의 참다운 가치를 모르고 욕하고 있지만, 자신은 똑똑해서 오해의 장벽을 넘어 진정한 가치를 알아보게 되었다고 생각한다. 그러면서 더 사이비 종교에 빠져든다.

인지 부조화는 명백하게 행동을 유발할 때 더 잘 일어난다. 즉, 외부로 드러난 행동과, 내부의 인지인 생각이나 태도가 불일치해야 한다. 내부의 태도나 생각이 불일치하는 것은 그저 내적 갈등이다.

페스팅거는 인지 부조화의 원리를 실험적으로 증명했다. 그는 실험 참가자 60명을 20명씩 나누어 A, B, C 세 개의 집단으로 구분했다. 그리고 30분간 실덩이 12개를 한 접시에 올렸다 내리는 식의 재미없고 의미 없는 단순 반복 작업을 세 집단 모두에 시켰다.

페스팅거는 참가자들이 약 1시간의 단순 반복 작업 수행 결과에 지겨움을 느낄 것이라고 계산했다. 1시간 후 그는 A 집단과 B 집단의 참가자들에게 다음 실험 진행자에게 사고가 생겼다고 말했다. 그리고 원래 진행자를 대신하여 보수를 받고 다음 실험 참가 대상자들에게 이 작업은 재미있다고 설명해주지 않겠냐고 제안했다. 참고로 결과 비교용으로 만든 C 집단 참가자들에게는 아무 제안도 하지 않았다.

A 집단과 B 집단의 참가자 중 일부는 제안을 받아들였다. 즉 보수를 받고, 지겹다고 생각한 단순 반복 작업이 '재밌다'라고 말하기로 했다. 페스팅거는 A 집단에는 1달러를, B 집단에는 20달러를 지급했다. 그러고 나서 참가자들에게 본인이 경험한 단순 반복 작업이 정말로 재밌었는지 다시 물었다.

20달러를 받은 B 집단의 참가자보다 1달러를 받은 A 집단의 참가자들이 정말로 재미있었다고 대답하는 경우가 많았다. 심지어 단순 반복 작업은 사실 아무 의미도 없었다고 설명해줘도 생각을 바꾸지 않았다.

페스팅거는 실험 결과를 인지 부조화로 설명했다. 20달러를 받은 집단의 경우 자신이 거짓말한 이유는 돈 때문이라고 생각했기에 단순 반복 과제에 대한 태도를 수정할 필요가 없었다. 보상이라는 명백한 거짓말 행동의 이유가 있어 인지 부조화가 일어나지 않았기 때문이다.

하지만 1달러를 받은 사람에게 1달러는 거짓말에 대한 보상이라고 하기에는 너무 적은 액수였다. 이 상태에서 단순 반복 작업을 지겹다고 느낀 것과, 다른 참가자에게 단순 반복 작업이 재밌다고 설명한 행동이 일치하지 않는 인지 부조화가 생겼다.

이들은 인지 부조화의 불쾌함을 없애기 위해 이미 저지른 행동이 아니라 단순 반복 작업을 지겹다고 생각하는 인지를 바꾸려 했다. 20달러와 다르게 보상 탓으로 돌릴 이유가 없었기 때문이다.

연구자들은 부정적인 인지 부조화의 폐해에서 벗어나기 위한 방법도 연구했다. 그 방법은 새로운 행동을 하기이다. 이미 저지른 부정적 행동에 맞게 기존의 올바른 태도와 생각을 변화시켜 인지 부조화에서 탈출하려 하기보다는, 차라리 기존의 올바른 태도와 생각과 일치하는 행동을 새롭게 하여 인지 부조화에서 탈출하는 것이다. 예를 들어 사이비 종교 모임에 가서 박수를 쳤어도, 그 모임의 다른 사람에게 그 현장의 문제점을 열심히 이야기하거나, 다른 비판적인 행동을 하려고 노력하는 것이다.

고정관념

stereotype

고정관념^{stereotype}은 다른 사람이 설득하거나 상황이 바뀌어도 잘 변하지 않는 사고방식이다.

고정관념에 큰 영향을 미치는 것은 어떤 대상이나 개념에 관한 조직화되고 구조화된 신념인 도식^{schema}이다. 도식은 애초에 사회문화적으로 형성되어 있어서 인간이 성장하며 겪는 사회화 과정에서 발달한다. 즉, 고정관념은 문화적으로 형성된다. 유아기에는 성차별, 지역 차별과 연관될 만한 고정관념이 없다. 하지만 나이가 들수록 성, 지역 등에 대한 고정관념이 생기는 것도 사회화 과정에서 고정관념을 문화적으로 학습하기 때문이다.

고정관념은 선천적인 것이 아니라 후천적 학습에 의해 만들어진다. 따라서 고정관념에서 벗어나려면 자신이 사회화 과정에서 얻은 관념 중 그저 문화적으로 당연하다고 강요받은 것이 있는지, 문제가 될 수 있는 것은 무엇인지 비판적으로 살펴야 한다.

편견

prejudice

편견^{prejudice}은 '공정하지 못하고 한쪽으로 치우친 부정적인 생각' 혹은 '꼼꼼하게 따지지 않고 바로 판단을 내리는 것'이다.

고정관념이 고정된 관념이라는 가치 중립적 개념에 가깝다면, 편견은 부정적 가치에 더 가까운 개념이다. 둘을 관련 짓자면 고정관념의 부정적인 한 형태가 편견이다. 그리고 편견에는 고정관념 이외에 부정적 감정과 차별 행위 성향이 함께한다.

예를 들어 특정 집단에 대한 일반화된 신념인 고정관념 중 하나인 '여자니까 ○○를 해야 한다'에는 성 역할에 대한 편견이 들어 있다.

심리학자들의 연구에 따르면 편견의 원인은 다양하다.

첫째는 사회문화적 시스템이다. 편견은 고정관념처럼 사회화 과정에서 형성된다. 그리고 그 사회문화가 편견을 조장하거나 편견을 개선하지 않으면 더 한쪽으로 치우친다.

둘째는 인지적 구두쇠와 인지적 게으름 때문이다. 인간은 적은 자원을 들여서 적은 노력으로 판단을 내리고 싶어 한다. 편견은 인간의 인지적 구두쇠와 인지적 게으름뱅이 성향에 맞게 적은 노력으로 빠르게 판단하도록 해준다.

셋째는 내집단 편향과 외집단 편향 때문이다. 사람들은 같은 행동을 놓고도 자신이 속한 집단인 내집단에 대한 판단과, 외부의 집단에 대한 판단이 전혀 다르다.

편견에서 벗어나려면 사회 시스템의 변화, 인지적 노력, 소속 집단보다 더 넓은 틀에서의 판단이 필요하다.

내집단 편향/외집단 편향

ingroup bias/outgroup bias

우리 측 편향, 내집단 편애라고도 하는 내집단 편향[ingroup bias]은 소속된 집단을 더 우호적으로 판단하는 성향이다. 인간은 자기가 소속된 집단은 더 도덕적이고, 사려 깊고, 좋은 가치를 추구한다고 판단한다. 또한 자신의 집단 구성원은 다양한 특성이 있다고 평가한다.

외집단 차별이라고도 하는 외집단 편향[outgroup bias]은 소속되지 않은 집단을 부정적으로 판단하는 성향이다. 인간은 외집단은 부도덕하고, 신중하지 못하고, 내집단보다 덜 좋은 가치를 추구한다고 판단한다. 또한 내집단과는 다르게 외집단은 동질의 인간들이 모인 집단이라고 생각한다. 즉, '다 똑같은 놈들끼리 모여 있다'라고 생각한다.

예를 들어 내집단이 좋은 성과를 내면 '우리는 잘해'라고 생각하며 내부 기질이나 능력에서 원인을 찾는다. 하지만 좋지 않은 일이 생기면 '이번 일은 운이 좋지 않았어'라거나 '이번 건은 상황이 어쩔 수 없었어'라면서 외부 요인에서 원인을 찾는다. 또한 좋은 일에는 '항상'이나 '역시' 등의 단어를 쓰며 반복적인 점을 강조한다. 하지만 나쁜 일은 예외적인 사항처럼 생각한다.

외집단의 경우에는 내집단 편향 방식이 반대로 나타난다. 외집단이 좋은 성과를 내면 '이번에는 운이 좋았네'라고 생각한다. 외부 요인에서 원인을 찾고, 예외적인 상황처럼 생각한다. 하지만 좋지 않은 일이 생기면 '그럼 그렇지. 그럴 줄 알았어'라면서 그들의 내부 요인에 의해 계속 일어날 수밖에 없었던 일처럼 생각한다.

내집단의 구성원이 좋은 일을 하면 구체적으로 표현하고, 나쁜 일을 하면 애매하게 묘사한다. 이에 비해 외집단의 구성원이 좋은 일을 하면 애매하게 표현하고, 나쁜 일을 하면 구체적으로 묘사한다.

내집단을 더 사랑하는 것은 죄가 아니다. 하지만 내집단을 사랑하려고 일부러 외집단을 악마화하거나 더 나쁘게 편견의 색안경을 쓰고 보며 차별 행동을 하는 것은 죄가 될 수 있다. 내집단을 사랑해도 외집단을 차별하지 않으려 노력해야 편견에서 벗어날 수 있다.

친밀감

intimacy

친밀감^{intimacy}은 다른 사람을 적대시하지 않고 좋아하는 마음이다.

친밀감이 형성되어야 긍정적인 인간관계도 형성할 수 있다. 심리학 연구에 따르면 친밀감을 만드는 조건은 크게 네 가지로 나눌 수 있다.

첫째는 근접성이다. 물리적으로 가까울수록 사람은 더 친밀함을 느낀다. 학생 때 다른 학교 다니는 학생보다는 같은 반 학생, 멀리 사는 친구보다는 가까이 사는 친구에게 더 친밀감을 느끼기 쉽다.

근접성이 친밀감을 형성하는 이유는 단순 노출 효과 mere exposure effect 때문이다. 부정적인 대상을 제외하고 최소한 중립적인 대상은 단순히 노출 횟수가 증가하는 것만으로도 친밀감이 증가한다. 외모가 크게 마음에 들지 않았던 사람도 계속 보다 보면 정이 가는 이유도 단순 노출 반복으로 친밀감이 증가하기 때문이다. 참고로 기업들도 단순 노출 효과를 인식하고 각종 경기장에 광고판을 노출시켜 친밀감을 높이기 위해 막대한 돈을 지불하고 있다.

둘째는 유사성이다. 사람은 자기와 유사한 사람에게 더 많은 친밀감을 느낀다. 서로의 특성이 너무 다르면 처음 인간관계를 가질 때 부담이 된다. 하지만 유사하면 이야기 화제를 고르기도 좋고 함께 좋아하는 활동을 할 수도 있어 상호작용의 질과 양이 더 좋아진다. 그래서 처음 만났을 때는 공통의 관심사를 찾아 이야기 나누는 것이 중요하다.

셋째는 상보성이다. 특성이 유사하지만 세부적으로 보면 서로 다르고, 그 다른 특성이 서로에게 도움이 되어야 한다. 예를 들어 둘 다 대화를 좋아하지만 한 명은 주로 듣는 것을 좋아하고 다른 한 명은 말하는 것을 좋아할 때 시간이 갈수록 갈등이 생기지 않고 친밀감이 커진다. 둘 다 이야기하는 것을 좋아하면 주도권을 잡기 위한 싸움이 벌어질 수도 있어 친밀감이 감소한다.

연구자에 따라서는 신체적 매력을 친밀감 형성의 넷째 요소로 포함시키기도 한다. 상대의 내면을 모르는 상태에서 확 다가가게 만드는 발화점이 될 수 있기 때문이다. 신체적 매력은 문화권마다 다르지만, 주로 건강한 몸과 대칭적인 얼굴에서 나온다.

실수 효과
pratfall effect

실수 효과^{pratfall effect}는 실수한 사람에 대한 호감이 올라가는 현상이다.

주로 전문가, 유명 인사 등 완벽에 가깝거나 능력이 탁월하다고 여겨지는 사람이 실수할 때 인간적인 면모가 더 부각되어 매력을 느끼는 정도가 커진다.

미국 심리학자 엘리엇 애런슨^{Elliott Aronson}은 1966년 실수 효과를 검증하는 연구를 다음과 같이 실시했다. 먼저 실험 참가자를 두 집단으로 나눴다. A 집단에는 한 출연자가 퀴즈쇼에서 92퍼센트 확률로 정답을 맞히는 동영상을 보여줬다. 발군의 지식을 뽐낸 이 출연자는 사전에 연구자의 지시를 받고 답을 맞힌 연기자였다. 이 인물과 관련해서는 비현실적으로 좋은 고등학교 성적과 모범적인 품행 정보가 공개되었다.

애런슨은 B 집단에는 같은 내용의 동영상 마지막 부분에 출연자가 실수로 커피를 쏟는 장면을 추가해서 보여줬다. 그러고 나서 두 집단의 참가자 모두에게 동영상 출연자의 호감도를 평가하도록 했다. 그 결과 실수 장면을 본 B 집단의 호감도가 훨씬 높았다.

실수 효과의 원인에 대한 설명은 여러 가지다.

첫째, 반전 단서이다. 실수 효과는 완벽에 가까울 줄 알았던 사람이 실수할 때 일어난다. 앞서 설명한 실험 동영상의 참가자와 다르게 정답률 10퍼센트 미만인 퀴즈 대회 출연자가 실수를 더 했다고 해서 호감도가 증가하기는 어렵다.

더 세부적으로 반전의 배경에는 고정관념이 있다. 실수 효과의 배경에는 능력 있고 유명한 사람은 일반적인 사람과 거리가 멀고 냉담하거나 늘 특별한 능력에서 나오는 행동 양식을 보일 거라는 고정관념이 작동하고 있었는데 실수로 반전의 스위치가 눌린 것이다. 그래서 완벽함 때문에 거리감이 있었던 사람이 실수하면 보통 사람과 같은 친밀감을 느끼며 호감도가 증가한다. 반대로 보통 사람이라고 생각했던 사람이 같은 실수를 반복하면 호감도가 떨어진다. 완벽주의자였던 애플 창업자 스티브 잡스가 일상에서 실수하는 일화가 공개되면 호감도가 증가하지만, 학교에서 미성숙한 행동을 저지르는 학생이 또 실수한 일화가 공개되면 호감도가 떨어진다.

둘째, 유사성 정보처리의 차이가 원인일 수 있다. 실수 효과는 누군가에게 느끼는 매력과 호감의 바탕이 그 존재 자체가 아니라 평가 기준의 차이에 있음을 시사한다. 참고로 애런슨의 실험에서 높은 정답률을 자랑하는 출연자를 연기했던 연기자는 정답률 30퍼센트인 평범한 출연자도 연기했다. 그 연기자가 평범한 사람처럼 연기하고 사소한 실수를 했을 때는 호감도가 떨어졌지만, 탁월한 참가자로 연기했을 때는 평가 기준이 달라져서 똑같은 실수에도 호감도가 증가했다.

애런슨 등의 초기 연구자는 관찰자가 관찰 대상인 완벽한 사람의 실수에 동정심을 느껴서 실수 효과가 생긴다고 주장했다. 하지만 후속 연구에 따르면 관찰자는 관찰 대상과 자신의 비교에 영향을 받는다. 즉, 평범한 관찰자는 평범한 관찰 대상에는 유사성을 느끼고, 그 관찰 대상이 더 부정적이게 실수하면 자기도 유사한 실수를 할 가능성이 떠오르면서 자존감의 위협이 느껴져 불편한 마음에 더 부정적으로 평가하게 된다.

이에 비해 완벽해 보이는 관찰 대상은 그렇게 되고 싶은 존재이기에 기본적으로 호감이 있는 상태이다. 하지만 관찰자 자신과 비교해서 더 가깝게 느낄 수 있는 점이 없었는데, 자신과 같이 유사한 실수를 하자 연결되는 끈이 생긴 것처럼 느껴져 호감도가 증가한다. 그리고 그 대상의 능력은 상대적으로 더 높게 평가하는 식으로 정보처리가 달라진다.

셋째, 주의력 배분의 차이가 원인일 수 있다. 사람들은 대개 평범한 사람보다는 능력 있거나 유명한 사람에게 더 많이 집중한다. 집중해서 정보를 처리하니 더 많이 인식하고 더 많이 호감을 느낀다. 참고로 단순히 반복적으로 특정 대상에 노출되어 정보처리 기회가 많아질수록 호감도가 증가하는 현상을 단순 노출 효과라고 한다.

메라비언의 법칙

The law of Mehrabian

메라비언의 법칙 ^{The law of Mehrabian}은 미국 심리학자 앨버트 메라비언 ^{Albert Mehrabian}이 1971년 출간한《침묵의 메시지 ^{Silent Messages}》에서 소개한 의사소통 이론이다.

　메라비언은 의사소통에 세 가지 요소가 있으며 각각의 영향력이 다르다고 주장했다. 그에 따르면 흔히 보디랭귀지라고 하는 신체적 언어는 55퍼센트, 청각적 언어인 목소리는 38퍼센트, 메시지에 해당하는 말의 내용은 7퍼센트만 작용한다. 그래서 메라비언의 법칙을 55-38-7 법칙이라고도 한다.

　메시지보다는 청각적 이미지인 목소리와 신체 언어가 더 중요하다는 내용은 당시 큰 충격을 주었다. 일반 대중을 넘어 많은 강사에게도 영향을 미쳤기 때문에 요즘도 메시지 내용보다 신체 언어와 청각적 이미지를 더 좋게 개발하여 개인적 의사소통이나 사회적 발표 등을 하라고 부추기는 사람이 있을 정도다. 하지만 이것은 메라비언의 주장과는 달리 왜곡된 해석이다. 메라비언은 BBC 등 언론과의 인터뷰에서 자신의 실험은 특수한 상황의 호감도에 대한 것이지 의사소통 전반에 관한 내용이 아니니 지나친 확대 해석은 곤란하다고 밝혔다.

한편으로 메라비언의 실험은 애초에 55-38-7이라는 법칙부터 타당하지 않다는 비판을 받고 있다. 메라비언의 법칙의 근거가 된 첫 번째 실험에서 그는 참가자에게 녹음된 아홉 가지 단어를 들려줬다. 단어들은 '경애하는', '고마운', '자기야'와 같은 세 가지 긍정 단어와 '아마도', '아', '정말로'와 같은 중립 단어, '잔인한', '금지', '끔찍한'과 같은 부정 단어로 구성되었다. 이 단어들은 각각 두 명의 여성 진행자가 녹음했다. 또한 각 단어에 가상의 청자가 있다고 가정하고 긍정, 중립, 부정적인 어감으로 녹음했다.

메라비언은 참가자들을 10명씩 세 집단으로 나눴다. A 집단은 메시지 내용에만 집중하도록 지시했다. B 집단은 목소리의 톤에 집중하도록 지시했다. C 집단은 가능한 한 모든 정보에 집중하라고 지시했다. 그리고 모든 단어를 들려주고, 말하는 사람의 긍정적 태도를 평가하도록 했다.

결과를 분석하자, 긍정적 단어가 아니어도 목소리가 좋으면 화자의 태도를 더 긍정적으로 평가했다. 이에 고무된 메라비언은 두 번째 실험을 진행했다.

메라비언은 두 번째 실험에서 참가자에게 화자의 기분을 평가하도록 했다. 또한 메시지 내용과 목소리가 아니라 얼굴 표정과 목소리의 상대적 중요성을 비교하는 데 중점을 두었다. 가장 중립적인 단어인 '아마도'를 세 가지 톤으로 녹음하고 세 여성 모델의 얼굴 사진과 짝지웠다.

참가자들의 반응을 종합한 메라비언은 목소리보다 외모가 약 1.5배 더 긍정적으로 평가하는 데 영향을 주었다고 분석했다. 두 번째 실험에서 애초에 메시지의 영향력을 최소화하여 한 단어만 쓴 것을 무시한 것이다. 연구자들은 자료를 합하고 상관분석하여 메시지, 목소리, 외모의 상관계수가 각각 .07, .38, .55임을 알아냈다.

문제는 한 실험에서 각각의 상대적 영향력을 알아본 적이 없고, 인과관계를 알아보는 세밀한 실험을 하지 않았으며, 자료를 합친 다음 상관계수를 발표한 것이다. 심지어 얼굴 사진 이외에 의사소통에서 실제로 쓰는 신체적 언어 요소가 들어가지도 않았다.

메라비언은 자신의 논문과 웹사이트에서, 언어·비

언어적 단서의 상대적 비중처럼 공식을 사용하지는 말라고 밝혔다. 하지만 사람들은 그 계수를 어떤 비중을 나타내는 법칙처럼 사용했다.

현재 심리학계에서는 실험 설계 및 진행과 해석 전반에 걸친 방법론적 문제 때문에 메라비언의 법칙의 타당성을 의심하고 있다. 사전에 긍정 단어, 부정 단어에 대한 평가와 목소리 톤에 대한 평가가 이루어지지 않았으며, 이런 맥락 없이 나열한 단어가 의사소통의 다양한 메시지 요소를 대변할 수 있느냐는 비판이 제기되었다.

화자의 긍정적 태도나 감정 상태에 대한 평가를 의사소통의 영향력으로 평가할 수 있느냐는 것도 문제다. 목소리나 인상이 메시지보다 중요하다는 식의 현실과 맞지 않는 왜곡된 주장과 연결될 수 있으므로 심리학적으로는 경계의 대상이다.

또한 메라비언의 실험은 첫인상에 대한 연구가 아니기에, 이 연구 결과를 의사소통을 넘어 첫인상과 관련한 것으로 또다시 왜곡하는 해석도 문제가 있다. 메라비언의 법칙은 일반적으로 많이 알려졌지만, 심리학적으로는 타당하다고 인정받기 힘들다는 모순적 상황에 처해 있다.

10장

심리 건강

스트레스

stress

스트레스^{stress}는 신체적 자극 혹은 심리적 자극이 위협적이거나 도전적일 때 일어나는 심리적 압박감이나 부담감이다. 이때 압박을 가하는 외부 자극을 스트레스원^{stressor}이라고 하고, 그 자극을 지각하여 반응하는 것을 스트레스라고 한다. 즉, 일반 대중이 일상에서 쓰는 것과 달리 스트레스는 자극이 아니라 그 자극에 대한 반응이다. 그래서 연구자들은 개념을 더 명확히 하기 위해 스트레스를 '스트레스 반응'이라고 부르기도 한다.

스트레스를 경험하면 인체는 항상성을 유지하기 위해 투쟁-도피 반응^{fight-or-flight response}을 한다. 심장이 더 빨리 뛰고, 근육을 긴장시켜서 스트레스를 없애기 위해 투쟁하거나 스트레스원으로부터 도망치려 한다.

스트레스는 두 종류로 나뉜다.

첫째는 유스트레스^{eustress}이다. 어떤 과제를 수행할 때 각성하도록 해서 수행을 촉진하는 등의 긍정적 스트레스이다. 예를 들어 사회적 촉진처럼 다른 사람들이 자신의 과제를 지켜봐서 적당한 스트레스를 받으면 수행을 더 잘하게 된다.

둘째는 디스트레스 distress 이다. 어떤 과제를 수행할 때 긴장과 부담을 많이 줘서 수행을 방해하는 것과 같은 부정적 스트레스이다. 평소 실력이 좋던 운동선수가 중요한 경기에서 많이 긴장하여 실력 발휘를 제대로 못 하는 것도 스트레스 때문이다.

유스트레스와 디스트레스와 관련된 심리학 법칙이 바로 두 연구자 이름에서 따온 여키스-도슨 법칙 Yerkes-Dodson law 이다. 처음에는 생리적·심리적 각성이 높아질수록 점점 수행이 향상되지만, 각성 수준이 너무 높아지면 수행 능력이 감소한다는 법칙이다.

이 법칙에 따르면 수행에 가장 좋은 것은 적정 수준의 각성이다. 공부할 때 너무 조용하거나 너무 시끄러운 것보다는 약간의 소음이 있는 쪽이 더 좋아서 도서관보다 카페에서 공부한 것이 더 효과적이었다면 여키스-도슨 법칙을 체험한 것이다.

스트레스원은 생리적·심리적 압박과 부담을 주기 때문에 적절하게 관리하지 않으면 신체적·심리적 병에 걸릴 수 있다. 그래서 스트레스를 완화시켜주는 민간 요법, 다양한 약, 심리 치료 방법이 쓰이고 있다. 대표적인 것이 요가, 산책, 취미 활동, 비타민 및 건강 보조 식품, 향정신성 의약품, 이완 반응, 인지 행동 치료, 마음 챙김 등이다.

이완 반응

relaxation response

이완 반응^{relaxation response} 기법은 하버드대학교 의과대학 교수였던 허버트 벤슨^{Herbert Benson}이 투쟁-도피 반응을 무효화하는 방법으로 개발했다.

벤슨은 세계적인 심혈관 질환 전문의였지만 많은 임상 경험으로 약이나 수술을 통해서는 치료에 한계가 있음을 깨닫고 마음을 통한 몸의 치료법을 찾는 심신의학^{mind-body medicine}을 발전시켰다.

이완 반응 기법은 스트레스 반응인 투쟁-도피 반응에서 벗어나 면역력을 길러 병을 예방하고 치료하기 위해 개발되었다. 이완 반응은 투쟁-도피 반응과 반대인 수면-소화 반응을 촉진하는 데 주안점을 둔다. 몸의 대사와 심장박동 수 및 호흡, 혈압, 근육 긴장을 감소시키는 활동으로 몸을 이완시키고 두뇌 활동을 안정시켜 마음을 편안하게 해서 스트레스로부터 벗어나게 한다.

이완 반응을 위해 가장 좋은 것은 명상이다. 깊이 있

는 화두를 정해놓고 집중해서 생각하는 명상이 아니라, 오히려 마음을 비우기 위한 명상이다. 조용한 곳을 선택하고 싱잉볼이나 물소리처럼 너무 시끄럽지 않으면서도 적당한 크기로 반복되는 소리를 들으며 편안한 자세를 취하고 호흡을 천천히 하도록 노력하면 이완 반응을 경험할 수 있다.

인지 행동 치료

cognitive behavioral therapy, CBT

인지 행동 치료^{cognitive behavioral therapy, CBT}의 대표적인 세부 치료 기법으로는 정신과 의사 애런 벡^{Aron Beck}이 만든 '인지 치료^{cognitive therapy, CT}'와 심리학자 앨버트 엘리스^{Albert Ellis}가 만든 합리 정서 행동 치료^{rational emotive behavioral therapy, REBT}가 있다.

엘리스는 자신의 임상심리 이론을 바탕으로 애런 벡이 만든 인지 치료법을 보고 미진한 점인 정서 부분을 보완하여 자신의 의도에 맞는 치료 기법을 만들었다. 따라서 부정적인 생각을 바꾸는 것으로 심리 문제를 해결한다는 두 방법의 핵심 내용은 크게 다르지 않다. 기원의 특성을 따져서, 경우에 따라서는 인지 치료가 합리 정서 행동 치료를 응용했다고 정리하기도 한다.

엘리스는 인간은 이성에 따라 합리적으로 생각할 수 있지만 비합리적인 생각도 할 수 있음에 주목했다. 비합리적 믿음을 바탕으로 비합리적인 생각을 하면 부정적인 정서를 경험하며 부적응적인 판단과 행동을 하므로 고통을 받고, 합리적인 믿음을 바탕으로 합리적인 생각을 하면 적응적인 판단과 행동을 하므로 고통에서 벗어날 수 있다고 봤다. 그래서 상담을 통해 의뢰인의 비합리적 신념과 생각, 부정적 감정의 실체를 이성적으로 확인시켜서 고통에서 벗어나게 해주는 것이 치료의 목적이라고 생각했다.

합리 정서 행동 치료는 ABC 인지 행동 모델을 활용한다. ABC 인지 행동 모델은 선행 사건activating event과 그것을 받아들이는 신념belief, 그 신념으로 인한 결과consequence의 과정으로 도식화하여 의뢰인이 인식하도록 한다.

예를 들어 직장인 김 대리가 회의실 문을 열고 들어갔는데 회의실에 있던 직원들이 갑자기 이야기를 멈췄다면, 이 현상이 선행 사건인 A이다.

그런데 여기서 김 대리가 합리적 신념rational belief, RB을 갖고 있느냐 비합리적 신념irrational belief, IB을 갖고 있느냐에 따라 결과 C가 달라진다.

김 대리가 비합리적 신념으로 '모든 동료가 나를 싫어한다'고 믿으면 사람들이 자기 욕을 하다가 당황해서 말을 멈췄다고 생각한다. 따라서 기분 나빠하거나 분노 정서를 경험한다. 그럼 다른 사람들을 공격적으로 대하는 결과가 벌어져서 실제로 다른 사람들이 김 대리를 싫어하게 될 확률이 높아진다.

합리적 신념으로 '사람들은 자기들끼리의 비밀을 다른 사람이 아는 것을 좋아하지 않는다'라고 생각했다면, 사람들 중 일부가 비밀을 나누다가 갑자기 자신이 들어오자 놀라서 말을 멈췄다고 생각하며 대수롭지 않게 넘길 수도 있다. 분노의 정서와 공격적 행동 없이 말이다.

합리 정서 행동 치료에서는 미성숙한 이상적 욕망이 그대로 반영되어 비현실적이며 융통성 없고 부정적 편견 등에 가득 차 부정적 행동을 만드는 믿음을 비합리적 신념으로 정의한다. 비합리적 신념에는 '항상', '꼭', '절대'와 같은 단어가 들어간다.

합리 정서 행동 치료는 ABCDE 모델이라고도 한다. A-B-C에서 B에 해당하는 비합리적 신념을 인지적으로 재평가하게 해서 합리적 신념으로 바꾸고 선행 사건에 대한 해석을 다르게 해서 결과도 바꾸는 해결 과정을 거친다. 신념을 바꾸기 위해 반대 증거를 찾는 반박deputing 과정을 실행한다. 그렇게 신념을 바꾸면 비슷한 선행 사건 A가 다시 일어나도 합리적 신념 B가 작동해서 예전과 다른 긍정적 결과를 얻는 효과effect가 나타난다.

엘리스가 꼽은 대표적인 비합리적 신념은 다음과 같다.

첫째, 나는 어떠한 상황에서라도 주어진 역할을 훌륭하게 수행해야 하며, 중요한 결정 사항이 있을 경우 나 이외의 사람들의 승인을 얻어야 한다는 믿음이다. 만약 실패한다면 굉장히 끔찍한 일일 것이고, 나는 항상 실패하고 고통받을 만큼 무능하고 가치 없는 사람일 것이다.

둘째, 나와 관계 맺은 사람들은 어떤 상황에서라도 내게 항상 친절하고 공정하게 대해야 한다는 믿음이다. 그렇지 않을 경우 그들은 끔찍하고 나쁘며 무가치한 사람들이다. 그들은 좋은 삶을 살아갈 자격이 없으며, 나에게 한 가증스러운 행동들의 대가로 가혹한 처벌을 받아야 한다.

셋째, 내가 사는 환경은 항상 나에게 유리하고, 안전하고, 번거롭지 않으며 손쉽게 나를 즐겁게 할 수 있어야 한다. 나는 그렇지 않은 굉장히 무섭고 끔찍한 상황을 결코 견딜 수 없을 것이다. 따라서 이런 환경에서는 내가 살아가는 것이 거의 불가능하므로 살 가치가 없을 것이다.

이러한 비합리적 신념은 불안, 우울, 무기력 등 다양한 심리 문제를 만든다.

인지 행동 수정 치료는 기존 정신분석 치료보다 명확하고 적은 시간으로 심리 문제를 해결할 수 있어서 큰 반향을 일으켰다. 무엇보다 상담 의뢰인 스스로 문제를 인식하고 새롭게 능동적으로 대처할 수 있도록 돕는 방법이기에 부작용을 최소화하면서 적응력을 높일 수 있는 방법으로 지지를 받고 있다.

마음 챙김

mindfulness

마음 챙김^{mindfulness}은 산스크리트어의 사티^{sati} 등에서 유래한 '매 순간순간의 알아차림^{moment-by-moment awareness}'의 의미로 주로 쓰이고 있다.

마음 챙김에서는 과거에 대한 후회, 미래에 대한 불안 등의 망상으로 어지럽혀진 마음을 챙기고 알아차림을 얻기 위해 명상을 강조한다.

불교식 화두를 놓고 하는 참선이나 무언가를 판단하기 위한 사색이 아니라 지금 이 순간 여기에서 가장 확실한 들숨과 날숨, 내 몸 등을 느끼기 위한 명상이다. 뭔가를 채우기 위한 것이 아니라, 마음을 어지럽히는 것들을 버리고 가장 가볍게 마음 그 자체를 알아차려서 즐거움에 의한 흥분과 괴로움에 의한 번민 없이 평안한 상태에 도달하고자 한다.

언뜻 보면 즐거움은 좋은 것 같지만, 사라지면 상대적으로 현재가 허무해지거나, 더 큰 즐거움을 위한 욕망이 생기기에 마음 챙김에서는 경계한다. 마음 챙김에서는 즐거움이 아닌 평안함을 더 중시한다.

마음의 평안함을 얻기 위한 방법 중 대표적인 것은 매사추세츠대학교 의과대학 교수 존 카밧진 Jon Kabat-Zinn의 마음 챙김 기반 스트레스 완화 mindfulness-based stress reduction, MBSR 프로그램이다. 들숨과 날숨의 이동에 집중하는 호흡 관찰하기 watching the breath와 몸의 감각에 집중하는 몸 스캔 body-scan, 건포도 맛보기, 요가 아사나 yoga asanas, 걷기 명상 등 다양한 방법을 사용한다.

정신 질환

mental disorder

정신 질환^{mental disorder}은 비합리적인 생각, 왜곡된 지각, 현실과의 상호작용 상실 등으로 개인적·사회적 기능에 문제 행동을 일으키는 정신적 이상 상태다.

무엇을 '정상^{normal}'으로 보고 무엇을 '이상'으로 평가할 것이냐에 대해서는 논란이 있다. 그래서 미국정신의학회에서 세밀한 정신 질환 기준을 마련하고 있다. 1952년 첫 번째 정신 질환 기준 매뉴얼인 DSM을 발간했고, 다섯 번째 개정판인 DSM-5-TR 업데이트본을 2022년 9월에 발간하여 2024년 현재까지 사용하고 있다.

정신 질환은 유전적 요인이 있기 때문에 가족에게 정신 질환이 있으면 비슷한 질환에 걸릴 확률이 높아진다. 또한 후천적인 사회환경적 요인도 있기 때문에 부정적인 경험을 지속적으로 하거나, 극심한 스트레스를 받거나, 약물에 의해 뇌가 손상되면 정신 질환에 걸릴 수 있다.

정신 질환은 정신증, 신경증, 성격장애, 발달장애 등으로 나뉘며, 미국정신의학회에서 만든 DSM-5-TR 같은 매뉴얼을 통해 세부적으로 분류되어 있다.

불안 장애

anxiety disorder

불안 장애^{anxiety disorder}는 미래의 불확실성에 대한 과도한 두려움으로 인해 일상생활 적응에 문제를 일으키는 심리 장애이다.

불안 장애에는 범불안 장애, 공황장애, 외상 후 스트레스 장애 등이 있다.

범불안 장애^{generalized anxiety disorder, GAD}는 과도한 불안과 걱정이 최소 6개월 동안 지속적으로 나타나는 장애이다. 과도하고 광범위하고 다양한 신체 증상을 동반하여 지속되는 것이 특징이다.

공황장애^{panic disorder}는 예기치 못한 갑작스러운 불안감과 함께 죽을 것 같은 느낌을 주는 호흡곤란, 발한, 어지러움 등의 자율신경계 증상을 동반하는 장애이다.

외상 후 스트레스 장애^{post traumatic stress disorder, PTSD}는 충격적인 사건을 경험한 후 불안 상태가 지속되는 장애이다. 재난이나 사건, 사고를 당한 다음 발생할 확률이 높다.

불안 장애는 우울증, 무기력 등의 심리 장애와 함께 일어나는 경우가 많다. 그래서 함께 치료하거나, 다른 병으로 발전하기 전에 집중 예방 치료를 하는 것이 중요하다.

불안 장애를 치료하기 위해 신체적 불안 증상을 완화하고 마음을 진정시키는 의약품을 쓰기도 하고, 불안이 비합리적 신념과 생각으로 만든 허상임을 깨닫게 하는 인지 행동 치료를 활용하기도 한다.

우울증

depression

우울증^{depression}은 약물이나 의학 처치가 없는 상태에서 심각하게 침울한 기분과 무가치하다는 느낌, 즐거움이 감소하거나 다른 대상에 대한 흥미가 떨어진 경험이 2주 이상 계속되는 기분 장애이다.

　우울증에 걸리면 욕망 충족 행동이 저조해지거나 해당 행동을 해도 만족감이 줄어든다. 그 결과 식욕이 변해서 체중이 갑자기 과하게 증가하거나 줄어든다. 수면의 양과 질도 변한다. 늘 피로감이 있고, 집중력이 눈에 띄게 떨어지며, 어떤 선택을 해야 할 때 결정하지 못하며, 신체 활동이 느려지고, 내적으로 예민해져서 양 손바닥에 찌릿찌릿하게 전기가 흐르는 기운을 느끼거나, 자주 배뇨하고 싶어져서 막상 화장실에 가면 적은 양을 배출하기도 한다. 이러다 죽는 것은 아닌가 하면서 자살이나 죽음에 대한 생각이 많아지기도 한다. 그러다가 실제로 자살에 이르는 경우도 있다. 자살이 아니더라도 예전과 다른 행동과 사고 패턴으로 사회적 적응이 힘들어지고 문제를 일으키기도 한다.

　의학적으로 우울증의 원인으로 지목되는 대표적인 물질은 세로토닌과 멜라토닌이다. 우울증이 일반적으로 남성보다 여성에게서 2배 정도 많이 나타나는 이유도 남성보다 여성의 세로토닌 수치가 일반적으로 높지만 여성은 월경 주기 때문에 호르몬인 세로토닌의 농도가 조금만 변해도 민감하게 반응하며, 세로토닌 합성률이 남성보다 낮기 때문이다.

　도파민, 노르에피네프린 등 신경과 관련된 여러 호르몬도 우울증에 영향을 미친다. 또한 임신 우울증, 산후 우울증, 주부 우울증, 계절 우울증처럼 여러 내외부 요인에 의해서도 우울증이 생긴다. 어릴 적 당한 사고, 폭행, 학대 등으로 인한 정신적 상처도 우울증으로 발전할 확률이 높다. 자존감, 사회경제적 수준, 다른 신체적 질병, 인간관계 등에 의해서도 우울증이 생길 수 있다. 우울증은 여러 요인으로 생기기 쉽고 치료에 시간이 많이 걸릴 수 있으니 조기 대응이 아주 중요하다.

　한편 우울한 기분이 마치 가면을 쓰고 있는 것처럼 겉으로 드러나지 않는 상태인 '가면 우울증masked depression'

도 있다. 표면적으로는 우울 증상이 나타나지 않지만 속은 일반 우울증과 같다. 가면 우울증은 정식 학문적 명칭이 아니지만 대중에게 알려져 많이 쓰이고 있다. 가면을 쓰고 있어 다른 사람은 잘 볼 수 없지만 본인은 무기력, 식욕 부진, 가슴 두근거림, 피로감, 잦은 배뇨 등의 일반적인 우울증 증상을 느낀다.

우울증 증상을 느끼면 병원이나 상담 센터를 찾아야 한다. 그러려면 우울증에 대한 잘못된 상식과 오해가 사라져 환자가 쉽게 도움을 요청할 수 있어야 한다. 잘못된 상식과 오해는 다음과 같다.

첫째, 일단 우울증 약을 먹으면 평생 복용해야 한다는 말은 사실이 아니다. 우울증이 여러 번 재발하여 오래 복용하거나, 약만 먹고 인지 행동 치료 같은 심리 치료를 병행하지 않아서 길어지는 경우가 있는 것은 사실이다. 하지만 평생 먹어야 하는 것은 아니다.

둘째, 우울증 약은 독하다는 말은 오해이다. 약과 자신의 상태가 맞지 않아 부작용을 느낄 수도 있지만 의사와 상담하여 바꿀 수 있다. 또한 대부분의 의사가 곧바로 독한 약부터 처방하는 것이 아니라 환자에게 맞추기 위해 세심하게 조율한다.

셋째, 우울증은 치료해도 잘 낫지 않는다는 것도 오해이다. 우울증의 최소 80퍼센트 이상은 치료된다. 나머지도 장기 요양이나 심리 치료 등을 통해 치료할 수 있다. 즉, 치료가 불가능한 불치병과는 거리가 멀다.

넷째, 우울증에서 빠져나오려면 엄청난 노력과 시간이 걸린다는 오해이다. 방송에 출연한 연예인뿐만 아니라 방송에 사연을 보낸 사람들의 사례를 봐도 재미있는 방송을 보거나, 취미를 바꾸거나, 산책 경로를 바꾸는 등의 도전만으로도 우울증에서 벗어난 경우가 있다.

다섯째, 우울증은 당사자의 의지만으로 고쳐야 한다는 오해이다. 물론 당사자의 의지도 중요하다. 하지만 부정적인 생각과 무기력에 빠진 우울증 상태에서는 주변의 도움이 더욱 필요하다. 당사자도 다른 사람에게 도움을 요청하고, 주변 사람도 전문적 치료를 받도록 도와줘야 한다. 주변 사람이 당사자의 의지나 정신 개조 등을 강조하면 우울증이 더 심해지므로 직접 치료에 나서지 말고 전문 치료를 받도록 돕는 것이 중요하다.

우울증은 항우울제와 인지 치료, 이완 반응 기법, 마음 챙김, 햇빛을 받으며 녹색 자연 속을 걷는 산책, 운동 같은 신체 활동 등으로 치료할 수 있다.

성격장애

personality disorder

성격장애^{personality disorder}는 인격 장애라고도 한다.

성격장애는 사고방식 및 행동 패턴이 지나치게 왜곡되고 편향되어 대인관계나 사회적 활동에 문제를 일으키는 심리 장애이다.

성격장애는 한때 보이는 특징이 아니라, 시간이 경과해도 좀처럼 바뀌지 않고 유지되는 경우에 해당한다. 장시간에 걸쳐 형성되고 유지되므로 쉽게 치료되지는 않는다.

성격장애의 원인은 선천적인 유전 요인, 성장 경험에서 비롯된 후천적 요인이 섞여 있다.

성격장애 중 대표적인 것은 편집성 성격장애^{paranoid personality disorder}, 반사회성 성격장애^{antisocial personality disorder}, 경계선 성격장애^{borderline personality disorder}, 강박성 성격장애^{obsessive-compulsive personality disorder}이다.

한 사람이 여러 가지 성격장애적 특징을 동시에 가

지고 있는 경우도 많다. 어느 성격장애가 심화되면 다른 성격장애의 문제를 일으키기도 하고, 각각의 성격장애가 공유하는 속성도 많기 때문이다.

편집성 성격장애

paranoid personality disorder

편집성 성격장애paranoid personality disorder의 특징은 타인에 대한 지속적인 불신과 의심이다. 항상 주변 사람의 행동에 악의가 있거나, 주변 상황이 불길하고 위험할 것이라는 피해망상이 있어 일상생활과 사회생활에서 여러 문제를 경험한다.

편집성 성격장애는 다음 증상 중 세 가지 이상을 특성으로 나타내야 한다.

- ◆ 실패와 거절에 대한 과도한 민감성
- ◆ 무시 혹은 모욕 등 다른 사람으로부터 받은 마음의 상처 때문에 지속적으로 원한을 품는 경향
- ◆ 타인의 중립적이거나 친근한 행동을 적대적이거나 경멸하는 행동으로 오해해서 경험을 왜곡하는 성향
- ◆ 실제와 다르게 자신이 옳다는 느낌을 지속적으로 갖거나 공격적으로 표현하는 성향

- ◆ 아무런 근거 없이 배우자나 연인의 성적 문란을 반복적으로 의심하는 성향
- ◆ 과도한 자의식 과장
- ◆ 자신에게 연관된 사건은 물론 사회 전반적인 사건에도 음모가 있다는 식의 근거 없는 설명에 몰두하는 문제

편집성 성격장애 환자는 정보가 악의적으로 이용될 것이라는 근거 없는 두려움 때문에 다른 사람과 터놓고 이야기하는 것을 꺼릴 뿐만 아니라, 피해망상 때문에 상대방을 의심해서 대인관계가 아주 나쁘다. 심지어 상대방이 친절하게 말해도 사악한 의도가 있을 거라 의심한다.

편집성 성격장애는 성장 과정에서 화목하지 못한 가정에서 상처를 많이 받거나 주변 사람들로부터 부당한 대우를 많이 받은 것이 원인이 되어 계속 부정적으로 대인관계를 형성했기에 지속적으로 형성되기도 한다.

따라서 자신의 부정적 경험 때문에 새로운 사람을 만나도 혹시 상처 주지 않을까 두려워하고 의심하여 결국 관계가 나빠지면, 역시 그 사람은 겉으로만 친절하게 다가왔고 시커먼 속내가 있어서 상처를 줬다며 자기의 의심과 두려움이 옳았다고 생각하는 과정을 반복한다.

이런 반복 경험 때문에 인간관계도 나쁘지만, 스트레스 때문에 심혈관 등의 질병을 얻기도 한다.

편집성 성격장애 환자에게는 본인의 의심과 반대되는 주변 사람의 행동 증거를 모아서 본인의 믿음이 잘못되었다는 것을 확인하는 인지 치료를 하는 것이 효과적이다. 또한 주변 사람들은 환자에게 일관성 있는 태도를 보여줘야 한다. 친밀했다가 중립적이거나 부정적인 태도를 보이면 다시 환자의 의심이 발동하기 때문이다. 의심과 망상이 심한 경우에는 항불안제와 항정신병제를 처방하기도 한다.

반사회성 성격장애

antisocial personality disorder

반사회성 성격장애^{antisocial personality disorder}는 잘못에 대한 인식인 사회적 양심이 결여되어 있는 성격장애이다. 가족, 친구, 동료 등 다른 사람에게 잘못을 해도 양심의 가책을 느끼지 않기에 공격적이고 무자비한 특성이 있다. 흔히 소시오패스^{sociopath}나 사이코패스^{psychopath}로 알려진 사람의 특성과 비슷하다. 참고로 소시오패스와 사이코패스는 학문적 분류명은 아니며, 사회적으로 퍼진 분류명일 뿐이다.

　　반사회성 성격장애 환자는 충동적이어서 금지 약물이나 금지된 영역에 도전하며, 양심이 없어서 사회규범을 반복적으로 위반하고, 죄책감을 느끼지 않아 행동을 교정하지 않는다. 또한 다른 사람을 존중하지 않고 함부로 대하며, 자신이 우월한 존재라고 생각해서 남을 통제하려 하고, 다른 사람을 조종해서 착취하려고 하며, 자기의 이익을 위해 거짓말과 협박과 폭력도 서슴지 않아 좋은 대

363

인관계를 유지하지 못한다.

이들은 대인관계를 인간과 인간의 관계라기보다는 포식자-피식자 관계로 본다. 관계 초기에 상대방과 가까이하기 위해 매력적인 모습을 발산하기도 하며, 감정을 느끼지 못하면서도 상대방에게 공감하는 척하기도 하지만, 전반적으로 냉담한 태도를 보인다.

반사회성 성격장애 역시 유전적 요인과 후천적 요인이 작용한다. 신경심리학자 로버트 펠드먼Robert Feldman의 연구에 따르면 일부는 유전적으로 반사회성 성격장애적 뇌를 갖고 태어난다. 혹은 후천적으로 부모가 적절하게 자극하며 양육하지 않거나, 감정을 다양하게 느끼며 뇌가 발달하는 환경을 조성하지 않아서 공감 능력이 결여될 수도 있다. 또한 도덕적 판단을 하는 전두엽의 활동이 낮아서 반사회성이 커지기도 한다.

조직의 과제와 목표를 달성하기 위해 반사회성 성격장애를 지닌 사람을 냉정하게 구성원을 관리하거나 통제하는 능력이 있는 인재로 대하는 문화가 있다면, 해당 환자는 심리 치료 대상이 아니라 오히려 인정 대상이 되고 사회적으로 더 활개를 칠 수도 있다. 그런 상황에서는 잠재적 환자도 친사회적으로 행동하려고 노력하기보다 오히려 더 반사회적으로 행동하도록 부추겨질 수 있다.

반사회성 성격장애는 오랫동안 형성되며, 진단에도 세심한 관찰이 필요하다. 치료도 오래 걸리므로, 조직의 누군가가 반사회성 성격장애가 있다고 의심될 때 일반인이 직접적으로 대항하는 것은 위험하다.

자기애성 성격장애

narcissistic personality disorder, NPD

자기애성 성격장애narcissistic personality disorder, NPD 환자는 자기중심주의가 강해서 다른 사람이 존중해주기를 과도하게 바라고, 타인의 가치를 무시하고, 타인과 공감하지 않고 자기의 감정을 들어주기를 강요하는 특징이 있다.

흔히 자존감이 강해서 자기애성 성격장애에 빠진다고 잘못 알려져 있다. 자존감은 말 그대로 자기를 존중하는 마음으로, 타인에게 과도한 존중을 요구하는 나르시시즘과는 다르다. 자기애성 성격장애 환자는 자기를 존중하더라도 진정한 자기라기보다는 이상화한 자기를 존중한다. 진정한 자존감이 아니라, 자기에 대한 삐뚤어진 사랑이 강할 뿐이다.

자기애성 성격장애 환자는 자신의 능력, 외모, 매력, 성과 등을 과도하게 높이 평가하고, 남들이 그것을 알아주기를 바란다. 그리고 세상의 중심인 자신의 존재를 알리기 위해 기회가 있으면 자랑한다. 자랑하기 위해 사실을 부풀리기도 한다. 자신을 돋보이게 하려고 조직의 권력자나 유명인과의 인맥을 자주 언급하기도 한다. 반대로 다른 사람의 능력, 외모, 매력, 성과, 인맥을 보면 부정하거나 깎아내리려고 해서 대인관계에도 문제가 생긴다.

자기애성 성격장애의 원인은 아직 확실히 밝혀지지 않았다. 진 트웬지Jean M. Twenge 등의 사회심리학자의 연구에 따르면 잘못된 자기애 교육, 허영심, 소셜 네트워크 서비스 발달에 따른 과도한 인정 욕구 등이 영향을 준다는 사실이 밝혀진 정도이다.

한껏 부풀려진 이상적 자기가 아니라 현실적 자기를 확인하는 커다란 사건을 경험하지 않는 한 자기애성 성격장애는 잘 나아지지 않는다. 치료 방법으로는 인지 치료를 주로 활용하지만, 자신은 이미 완벽하다고 생각하기에 효과는 더딘 편이다.

경계선 성격장애
borderline personality disorder

경계선 성격장애^{borderline personality disorder}는 정서 불안 성격장애^{emotionally unstable personality disorder}라고도 한다. 병명의 '경계선'이라는 단어가 사회적 차별의 빌미가 된다는 논란이 제기되고 있다.

'경계선'이라는 단어가 풍기는 위태로운 느낌 그대로 타인에 대한 평가가 이쪽저쪽으로 달라지면서 정서가 널뛰고, 친밀하게 굴었다가 갑자기 냉담하게 굴기도 하고, 적극적으로 일하다가 무기력해지는 등 행동과 대인관계가 불안정하고 변동이 심하다.

무엇보다 가장 큰 특징은 감정의 기복이 심한 것이다. 다른 사람보다 더 빨리 더 깊게 감정을 느끼고 더 빨리 변한다. 감정이 혼란스럽게 뒤섞이며 에너지가 고갈되어 지속적으로 공허함을 느끼고, 분노 조절이 잘되지 않는다.

특히 애정을 느끼는 상대방이 요구를 거절하면 심한

분노를 느껴 공격적으로 행동한다. 광장에 혼자 내버려진 듯한 기분이 들기 때문에 다른 사람에게 의지하려고 하다가, 다른 사람이 원하는 모습을 보이지 않으면 배신감에 분노를 폭발시킨다. 그러고 나서 떠나지 말라고 애원하기도 하고 협박하기도 한다.

경계선 성격장애 역시 선천적인 유전 요인과 사회환경적인 후천적 요인이 원인으로 작용한다. 쌍둥이 연구 결과에 따르면 경계선 성격장애의 약 40퍼센트는 유전적 요인으로 나타난다. 또한 두뇌 기형에 의해 감정을 담당하는 편도체가 손상되면 경계선 성격장애가 생길 위험이 크다. 후천적으로 어릴 적 학대받았거나 주변 사람에게 방임을 당한 경우에도 경계선 성격장애가 많이 관찰된다.

경계선 성격장애에는 약물치료와 심리 치료를 병행한다. 특히 인지 행동 치료와 변증법적 행동 치료dialectical behavior therapy, DBT가 가장 많이 사용되고 있다. 변증법적 행동 치료는 인지 행동 치료에 명상을 추가한 치료법이다. 이 방법을 통해 환자는 자기의 상태를 확인하고 부정적 감정을 관리하는 기술을 배운다.

경계선 성격장애와 혼동할 수 있는 장애로는 양극성 장애bipolar disorder가 있다. 양극성 장애는 예전에 조울증이라고 불린 기분 장애로, 성격장애는 아니다. 하지만 절망과 우울, 무기력, 흥분이 교대되는 특성 때문에 경계선 성격장애와 혼동되기도 한다.

경계선 성격장애는 순간순간 혹은 하루하루 바뀔 수 있지만, 양극성 장애는 그보다는 긴 주기로 바뀐다. 우울감이 일주일 정도 지속되면 그다음 주에는 행복감에 도취되어 극단적으로 낙관적인 상태가 되었다가 그다음 주에는 다시 우울감에 빠지는 식으로 감정의 양극단을 주기적으로 오간다. 양극성 장애는 예술가들이 많이 앓은 병으로도 유명하다.

강박성 성격장애

obsessive-compulsive personality disorder

강박성 성격장애^{obsessive-compulsive personality disorder}는 강박 장애 obsessive-compulsive disorder, OCD와 이름이 비슷하지만 전혀 다른 개념이다.

강박 장애는 원치 않는 반복적 사고와 행위가 특징인 불안 장애이다. 강박성 성격장애는 질서, 규칙, 조직, 효율성, 정확성, 완벽함, 세밀함에 집착하거나, 대인관계와 상황 등에 대한 통제에 집착해서 정상적인 대인관계를 유지하지 못하고 일상에서 문제를 겪는 성격장애이다.

강박성 성격장애에 빠지면 뭔가에 계속 집착하며, 안정과 편안함과는 거리가 먼 성향을 보인다. 일할 때도 분 단위까지 쪼개서 계획을 세우고, 계획대로 실행하려고 하거나, 자기 통제 범위를 넘어서는 것까지 통제하며 스트레스를 자초한다. 융통성 없고, 사물의 질서와 대칭에 집착한다. 강박 장애 환자는 이런 집착 행동을 부정적으로 인식하는 데 비해 강박성 성격장애 환자는 자신이 이렇게 해야 옳다고 생각하기 때문에 부정적으로 인식하지 않는다는 것이 큰 차이점이다.

강박성 성격장애 환자는 일에 대한 완벽주의를 문제가 아니라 오히려 바람직한 선택이라고 생각한다. 늘 완벽하기 위해 긴장을 풀지 않고 휴식을 취하지도 않아 에너지가 고갈되어 오히려 일의 효율성이 떨어지기도 한다. 그럴수록 더 완벽해지기 위해 목표와 계획에 집착해서 더 일을 망치기도 한다. 완벽함은 조직이나 다른 사람이 요구하는 게 아니라 자신이 추구해야 할 가치이기에 자기 자신이 무너지는 느낌이 들어 참기 힘들어한다. 심한 경우에는 그동안 추구해온 완벽한 자기가 아니라 생산성이 떨어진 현재의 자기는 진짜가 아니라고 부정하기도 한다.

강박성 성격장애에는 유전적 요인과 환경적 요인이 함께 영향을 미친다. 특히 생산성에 몰입하기 때문에 사회적으로 강박성 성격장애 환자가 높은 성과를 내거나 성실하게 일하는 것을 권장하기도 한다. 하지만 이렇게 추구하는 완벽함은 신이 아닌 인간에게는 언제가 되든 결국 실패하게 될 목표이다. 그래서 적절하게 치료받는 것이 중요하다. 특히 인지 행동 치료가 효과적이다.

조현병

schizophrenia

정신증^{psychosis}은 인지와 사실 판단 능력에 문제가 생기는 환각, 망상 등의 정신적 증상을 통틀어 일컫는 말이다. 대표적으로 조현병^{schizophrenia}이 있다.

예전에는 조현병을 정신분열증이라고 했지만, 부적절한 표현이라는 이유로 수정되었다. 조현^{調絃}은 현악기의 줄을 고른다는 뜻이다. 즉, 조현병은 제대로 조율되지 않은 현악기처럼 마음이 혼란을 겪거나 부조화한 상태임을 지칭한다.

조현병 환자는 일반적으로 외부 현실을 제대로 인식하지 못해서 환각, 환영, 환청 등을 경험한다. 대인관계에서 지나친 긴장감 혹은 무관심, 기이한 행동을 보이는 등 스펙트럼이 무척 넓다. 아무런 논리적 순서 없이 이야기를 쏟아내기도 하고, 가족의 죽음 앞에서 웃는 등 부적절한 정서 표현을 한다. 그래서 사회활동과 가족관계가 악화된다. 대부분의 경우 집중력을 유지하기 어렵고, 새로운 정보를 학습하거나 생각을 정리하는 능력이 떨어진다.

하지만 조현병 환자 중에는 노르웨이의 대표 심리학자 중 하나가 된 아른힐 레우뱅Arnhild Lauveng, 영화 〈뷰티풀 마인드〉의 모델인 노벨경제학상 수상자 존 내시John Nash 등도 있다. 조현병을 위험한 질병으로만 보기보다는 용어 그대로 조율의 도움이 필요한 질병으로 볼 필요가 있다.

조현병의 원인은 잘 알려져 있지 않다. 도파민의 과잉 활동도 원인으로 추정되고 있다. 태아 시절 노출되는 바이러스나 유전도 영향을 미칠 것이라고 추정되며 세부적 연구가 진행되고 있다.

조현병은 생물학적·사회심리적 요인이 복잡하게 얽혀 있기 때문에 약물치료와 함께 인지 행동 치료, 사회 활동 훈련, 직업훈련 등을 통해 완화시키는 방법이 활용된다.

자폐 스펙트럼 장애

autism spectrum disorder, ASD

자폐 스펙트럼 장애^{autism spectrum disorder, ASD}는 발달 장애 중
하나이다.

용어에 '스펙트럼'이 쓰인 것에서 알 수 있듯이 다양
한 장애가 포함되어 있다. 즉, 자폐증의 진단 기준을 충족
하지는 않으나 전체 또는 일부 특징이 비슷한 여러 증후
군을 모은 개념이다. 공통적 특징은 소통, 사회적 상호작
용 등 사회생활의 문제와 상대방의 마음 읽기와 이해의
결손, 제한적인 관심사 등이다. 대표적으로 아스퍼거 증
후군, 서번트 증후군 등이 있다.

아스퍼거 증후군^{Asperger syndrome}은 발견자인 한스 아스
페르거^{Hans Asperger}의 이름에서 따온 명칭이다. 아스퍼거 증
후군 환자는 다른 사람들과의 의사소통을 회피하고 자기
관심사에만 골몰해서 상대방을 신경 쓰지 않고 장황하게
떠들거나, 다른 사람과 눈을 마주치지 않으려 하고, 공감
을 표시하지 못하는 특성 때문에 반사회성 측면이 있지

만 반사회성 인격 장애와는 전혀 다르다.

자폐 스펙트럼 장애의 원인으로 뇌의 이상이나 환경적 영향 등이 제기되었으나 명확하게 밝혀지지는 않았다. 자폐증 환자는 일부 분야에 심각한 장애가 있지만 다른 분야에서는 평균적이거나 우수할 수 있다.

이와 관련된 서번트 증후군servant syndrome은 뇌 장애나 뇌 손상 환자 중 일부가 특정 분야에서 일반인보다 매우 뛰어난 능력을 보이는 증상이다. 드라마나 영화에 자주 등장하지만 발생 확률은 발달장애인 중 1백만 분의 1 정도로 지극히 낮다. 발달장애인의 숫자를 생각하면 전 세계적으로도 희박한데도, 탁월한 수행이 자폐증 환자의 일반적 특징인 것처럼 오해하게 만드는 문제점이 있다.

자폐 스펙트럼 장애의 치료는 완치보다는 증상 완화와 삶의 질 개선에 중점을 둔다. 특히 아스퍼거 증후군 환자는 경우에 따라 사회적 경험을 쌓으면 증상이 나아지기도 한다.

참고문헌

◆《마이어스의 심리학 개론》, 데이비드 G. 마이어스, 네이선 드월 지음, 신현정, 김비아 옮김, 시그마프레스, 2022.
◆《쉽게 풀어 쓴 심리학 개론》, 강진령 지음, 학지사, 2023.
◆《네비드의 심리학 개론》, Jeffrey S. Nevid 지음, 신성만 외 옮김, 학지사, 2019.
◆《심리학 개론: 사람·마음·뇌 과학》, Daniel Cervone 지음, 김정희 외 옮김, 시그마프레스, 2017.
◆《심리학 개론》(3판), Daniel L. Schacter 외 지음, 민경환 외 옮김, 시그마프레스, 2016.
◆《인간 이해를 위한 성격심리학》, 권석만 지음, 학지사, 2017.
◆《인간 이해 및 성장을 위한 성격심리학》(2판), 노안영, 강영신 지음, 학지사, 2018.
◆《심리학의 이해》(5판), 윤가현 외 지음, 학지사, 2019.
◆《현대 심리학의 이해》(4판), 현성용 외 지음, 학지사, 2020.
◆《인간 이해의 심리학》, 오경기 지음, 학지사, 2020.
◆《인간행동이해를 위한 심리학》(개정판), 김보기 외 지음, 박영스토리, 2023.
◆《학습심리학: 인간의 사고, 정서, 행동의 이해》(9판), Matthew H. Olson, B. R. Hergenhahn 지음, 신종호 외 옮김, 학지사, 2015.
◆《마틴 셀리그먼의 플로리시: 긍정심리학의 웰빙과 행복에 대한 새로운 이해》, 마틴 셀리그먼 지음, 우문식, 윤상운 옮김, 물푸레, 2020.
◆《인지심리학: 생각하고 기억하고 결정하는, 우리 뇌와 마음의 작동 방식》, 존 폴 민다 지음, 노태복 옮김, 웅진지식하우스, 2023.
◆《인지심리학: 마음, 연구, 일상 경험 연결》(4판), E. Bruce Goldstein 지음, 도경수 외 옮김, 센게이지러닝, 2016.
◆《인지심리학의 기초》, Michael W. Eysenck, Marc Brysbaert 지음, 김태

훈 외 옮김, 학지사, 2021.

- 《상담심리학의 이론과 실제》(4판), 천성문 외 지음, 학지사, 2021.
- 《상담심리학》(6판), 이장호, 이동귀 지음, 박영스토리, 2023.
- 《상담심리학》(개정판), 이수연 외 지음, 양성원, 2021.
- 《DSM-5에 의한 최신 이상심리학》(2판), 이우경 지음, 학지사, 2021.
- 《발달심리학: 전 생애 인간발달》(3판), 정옥분 지음, 학지사, 2019.
- 《최신 발달심리학: 아동발달 이론의 고전부터 21세기 최근 연구까지》, 송현주 외 지음, 사회평론아카데미, 2021.
- 《나는 왜 나를 사랑하는가》, 진 트웬지, 키스 캠벨 지음, 이남석 옮김, 옥당, 2010.
- 《바른 마음: 나의 옳음과 그들의 옳음은 왜 다른가》, 조너선 하이트 지음, 왕수민 옮김, 웅진지식하우스, 2014.
- 《사회심리학: 마음과 행동을 결정하는 사회적 상황의 힘》, 로버트 치알디니 외 지음, 김아영 옮김, 웅진지식하우스, 2020.
- 《사회심리학》, 엘리엇 애런슨 외 지음, 고재홍 옮김, 시그마프레스, 2018.
- 《알아차림에 대한 알아차림》, 루퍼트 스파이라 지음, 김주환 옮김, 퍼블리온, 2023.
- 《마음 챙김 명상과 자기치유》(개정판), 존 카밧진 지음, 장현갑 외 옮김, 학지사, 2017.
- 《사이언스 픽션: 과학은 어떻게 추락하는가》, 스튜어트 리치 지음, 김종명 옮김, 더난출판사, 2022.
- 《손쉬운 해결책: 자기계발 심리학은 왜 당신의 문제를 해결하지 못하는가》, 제시 싱걸 지음, 신해경 옮김, 메멘토, 2023.
- 《하마터면 깨달을 뻔: 인지심리학자가 본 에고의 진실게임》, 크리스 나이바우어 지음, 김윤종 옮김, 정신세계사, 2017.

Albarracín, D., & Shavitt, S. (2018). "Attitudes and attitude change". *Annual Review of Psychology*, 69(1), 299–327.

Bandelow, B., Michaelis, S. S., & Wedekind, D. (2017). "Treatment of anxiety disorders". *Dialogues in Clinical Neuroscience*, 19, 93–107.

Beaty, R. E., Benedek, M., Silvia, P. J., & Schacter, D. L. (2016). "Creative cognition and brain network dynamics". *Trends in Cognitive Sciences*, 20, 87–95.

Beck, A. T. (2019). "A 60-year evolution of cognitive theory and therapy". *Perspectives on Psychological Science*, 14(1), 16–20.

Cooper, J., & Fazio, R. H. (1984). "A new look at dissonance theory". In L. Berkowitz (Ed.), *Advances in experimental social psychology* (Vol. 17, pp. 229–266). Academic Press.

Dunbar, R. I. M. (1992). "Neocortex size as a constraint on group size in primates". *Journal of Human Evolution*. 22 (6): 469–493.

D'Esposito, M., & Postle, B. R. (2015). "The cognitive neuroscience of working memory". *Annual Review of Psychology*, 66, 115–142.

Ekman, P., Friesen, W. V., O'Sullivan, M., & Scherer, K. (1980). "Relative importance of face, body, and speech in judgements of personality and affect". *Journal of Personality and Social Psychology*, 38, 270-277.

Festinger, L., & Carlsmith, J. M. (1959). "Cognitive consequences of forced compliance". *Journal of Abnormal and Social Psychology 58* (2): 203–210.

Herman, C. P., Roth, D. A., & Polivy, J. (2003). "Effects of the presence of others on food intake: A normative interpretation". *Psychological Bulletin*, 129, 873–886.

Jones, E. J., & LeBaron C. D. (2002) "Research on the relationship between verbal and nonverbal communication: emerging integrations". *Journal of Communication*. Special Issue, 52, 499-521.

Kahneman, D., Slovic, P., & Tversky, A. (1985), *Judgment under Uncertainty: Heuristics and Biases*. New York: Cambridge University Press.

Lubinski, D. (2016). "From Terman to today: A century of findings on intellectual precocity". *Review of Educational Research*, 86(4), 900–944.

McCaffrey, T. (2012). "Innovation relies on the obscure: A key to overcoming the classic functional fixedness problem". *Psychological Science*, 23(3), 215–218.

Mehrabian A., & Ferris S. R. (1967) "Inference of attitudes from nonverbal communication in two channels". *Journal of Consulting Psychology*, 31, 248–452.

Milgram, S. (1963). "Behavioral study of obedience". *Journal of Abnormal and Social Psychology*, 67, 371–378.

National Academies of Science, Engineering, and Medicine. (2019). *Reproducibility and replicability in science*. National Academies Press. https://doi. org/10.17226/25303.

Polderman, T. J. C., Benyamin, B., de Leeuw, C. A., Sullivan, P. F., van Bochoven, A., Visscher, P. M., & Posthuma, D. (2015). "Meta-analysis of the heritability of human traits based on fifty years of twin studies". *Nature Genetics*, 47(7), 702–709.

Schneider, B. H., Atkinson, L., & Tardif, C. (2001). "Child–parent attachment and children's peer relations: A quantitative review". *Developmental Psychology*, 37, 86–100.

Wilt, J., & Revelle, W. (2019). "The Big Five, everyday contexts and activities, and affective experience". *Personality and Individual Differences*, 136, 140–147.

Zimbardo, P. (2007). *The Lucifer effect: Understanding how good people turn evil*. Random House.